Karl Pfaff, Karl Pfaff

Württembergische Wein-Chronik

Ein Bericht über die Quantität und Qualität des Weins und die darauf einwirkenden Witterungsverhältnisse der einzelnen Jahrgänge. Von den ältesten Zeiten bis aufs Jahr 1865

Karl Pfaff, Karl Pfaff

Württembergische Wein-Chronik
Ein Bericht über die Quantität und Qualität des Weins und die darauf einwirkenden Witterungsverhältnisse der einzelnen Jahrgänge. Von den ältesten Zeiten bis aufs Jahr 1865

ISBN/EAN: 9783743411531

Hergestellt in Europa, USA, Kanada, Australien, Japan

Cover: Foto ©ninafisch / pixelio.de

Manufactured and distributed by brebook publishing software (www.brebook.com)

Karl Pfaff, Karl Pfaff

Württembergische Wein-Chronik

Württembergische Wein-Chronik.

Ein Bericht

über

die Quantität und Qualität des Weins

und

die darauf einwirkenden Witterungsverhältnisse der einzelnen Jahrgänge.

Von den ältesten Zeiten bis aufs Jahr 1865.

Von

Dr. Karl Pfaff.

---—◆—---

Eßlingen 1865.

Verlag von Conrad Weychardt.

Druck von Gebrüder Mäntler in Stuttgart.

Vorrede.

Bei der Abfassung dieser Wein-Chronik hab' ich nicht allein gedruckte Werke, so viel mir zu Gebote standen, benützt, sondern auch aus verschiedenen Handschriften, welche meist von Zeitgenossen herrühren, manche nach wenig oder gar nicht bekannten Angaben geschöpft, um ihr die möglichste Vollständigkeit zu geben. Bei der Anführung der Witterungsverhältnisse beschränkte ich mich jedoch, wie schon der Titel dieser Schrift anzeigt, auf solche, welche auf den Weinertrag einwirkten. Die Chronik, welcher ich eine kurze Einleitung vorauszuschicken für nöthig fand, geht bis auf die ersten Zeiten des Weinbau's in Schwaben zurück. Anfangs fließen die Nachrichten allerdings nur spärlich, denn in den frühesten Zeiten wird gewöhnlich nur über solche Jahrgänge berichtet, welche sich durch besondere günstige oder ungünstige Witterungsverhältnisse auszeichneten. Schon im dreizehnten und mehr noch im vierzehnten Jahrhundert werden die Nachrichten häufiger, obwohl sie auch jetzt noch meist nur kurz sind; seit dem Jahr 1453 aber konnte ich bei jedem einzelnen Jahrgang die Quantität und Qualität des Weinertrags angeben und habe von da die Chronik bis auf das gegenwärtige Jahr fortgeführt.

Beim Durchlesen meiner Schrift wird man, wie ich hoffe, auch manches Bemerkenswerthe finden. Der längstbekannte Satz, daß zum Gedeihen des Weins Sommerwärme die Hauptbedingung sei, findet durch sie seine volle Bestätigung und sie zeigt auch, daß wenn diese Bedingung vorhanden ist, gewöhnliche Frühlingsfröste nicht so schädlich sind, als Herbstfröste, durch welche die Trauben selbst erfrieren oder doch an der vollkommenen Zeitigung gehindert werden. Man wird nicht wenige Jahrgänge finden, in welchen sich der von Frühlingsfrösten angerichtete Schaden beinahe allein auf die Verminderung der Quantität des Weinertrags beschränkte. Auch ein anderer Satz, daß auf ein erstes gutes Weinjahr gewöhnlich noch ein zweites folgt, wird hier bestätigt und man wird Perioden angeführt finden, wo eine Reihe von guten oder schlechten Weinjahren mit wenig oder gar keiner Unterbrechung auf einander folgte (z. B. 1310 bis 1317, 1400 bis 1407, 1420 bis 1428 u. s. w.) In früheren Zeiten kam es auch häufig vor, daß man, wie in neuester Zeit dem Wein vom Jahr 1811, den Weinen besondere Namen gab; so treffen wir 1529 und 1573 einen Wiedertäufer (1529 auch Türkenwein genannt) an, 1596 einen Beerleinswein, 1604 einen Doppelvierer und 1628 einen Stösselwein. Von der Traubenkrankheit findet sich in älteren Zeiten nur eine einzige Spur (1618).

Am Schluß der Chronik hab' ich ein Verzeichniß der einzelnen Jahrgänge der Zeitfolge nach angehängt, wo die Quantität und Qualität des Weinertrags in jedem Jahr kurz angegeben ist, und welches zur schnelleren Uebersicht derselben dienen soll. Von den beiden Beilagen enthält die erste die Angabe der Weinpreise in sechszehn verschiedenen württembergischen Ortschaften, von 1456 an, wo die Weinrechnung eingeführt wurde, bis 1865; in der zweiten findet man die aus den württembergischen Jahrbüchern genommenen Ergebnisse des Weinbaues von 1826 bis 1863.

Eßlingen im Oktober 1865.

Dr. Karl Pfaff.

Zu Ende des ersten Jahrhunderts unserer Zeitrechnung ließen sich die Römer im jetzigen Württemberg nieder und brachten auch ihre Kultur hieher (96—282). Möglich, doch nicht wahrscheinlich ist es, daß sie auf sonnigen Anhöhen auch schon Reben pflanzten; nachdem sie aber von den wilden Alemannen in langen Kämpfen vertrieben worden waren, wurde von diesen die römische Kultur wieder ganz vernichtet. Erst nachdem unter den Alemannen das Christenthum Eingang gefunden und ihre Sitten etwas gemildert hatte, begannen sie neben der Jagd und der Viehzucht auch Feldbau zu treiben. Durch die Verbreitung des Obst- und Weinbau's unter ihnen erwarben sich schon die ersten christlichen Glaubensboten und dann noch mehr die Kloster-Geistlichen große Verdienste *). Die ersten urkundlichen Nachrichten über den Weinbau stammen aus der zweiten Hälfte des achten Jahrhunderts und betreffen Weingärten im unteren Neckarthal und bei Eßlingen; zu Anfang des neunten Jahrhunderts werden solche auch am Bodensee angeführt **) und im zehn-

---

*) Ich will hier nur ein Beispiel aus einer spätern Zeit anführen, weil es einen der noch jetzt ausgezeichnetsten württembergischen Weine betrifft. Im Jahr 1153 erwarb das Kloster Maulbronn die Ortschaft Eilfingen und legte hier, mit Bewilligung des Bischofs Günther von Speyer, 1156, nach Entfernung der bisherigen Einwohner, einen Hof an zur Wohnung von Laienbrüdern, welche den hier damals ebenfalls angelegten Weinberg bebauen mußten, dessen Produkt der schon in früheren Zeiten berühmte Eilfinger war.
**) Weingärten werden genannt 766 bei Biberach, Böckingen und Frankenbach, 775, 777, 779, 781 und 793 bei Eisisheim, 777 und 784 bei Eßlingen, 788 bei Gartach, 798 auf dem Michaelsberg, 812 bei Mannzell am Bodensee.

ten Jahrhundert war der Weinbau in den mildern Gegenden Württembergs schon allgemein verbreitet und dehnte sich von da an immer mehr aus, selbst in Gegenden, wo jetzt gar keine Weingärten mehr zu finden sind. Im fünfzehnten und sechszehnten Jahrhundert war er schon ein Haupterwerbszweig in Württemberg geworden; der Neckarwein stand auswärts im besten Ruf und wurde sehr häufig ausgeführt. Denn man pflanzte damals vornehmlich edlere Traubensorten und verwandte große Sorgfalt auf die Bereitung des Weins. So blieb es bis zum Ausbruch des dreißigjährigen Kriegs, welcher, besonders seit dem Jahr 1634, unsägliches Elend über Württemberg brachte. Nach der Wiederherstellung des Friedens (1648) beschäftigte man sich zwar eifrig auch mit der Wiederanpflanzung der verwüsteten Weingärten, noch im Jahr 1654 aber lagen über 40,000 Morgen derselben unangebaut da, und in manchen Gegenden wuchsen jetzt, wo sonst Reben gegrünt hatten, Waldbäume. Das Schlimmste jedoch war, daß man, nur um schnell wieder einen reichlichen Ertrag zu bekommen, bei den neuen Pflanzungen weniger auf gute Rebensorten sah, als auf solche, welche viel ausgaben, und selbst an Plätzen, die sich für den Anbau anderer Gewächse besser geeignet hätten, Rebenpflanzungen anlegte. Hiedurch litt der gute Ruf des württembergischen Weines sehr, und da man den Wein häufig, ungeachtet aller Verbote, mit Obstmost vermischte, auch hie und da ihn auf andere Weise verfälschte, gerieth der früher so einträgliche Weinhandel immer mehr in Verfall. An Versuchen, denselben wieder emporzubringen und den Weinbau zu verbessern, fehlte es nicht; Herzog Karl Eugen namentlich beschäftigte sich viel hiemit; mehreres noch und mit bedeutenderem Erfolg ist in der neuesten Zeit dafür geschehen.

Die erste bestimmte Nachricht über den Einfluß der Witterung auf die Reben erhalten wir im Jahr 696, von welchem gemeldet wird, daß in dem sehr strengen Winter beinahe alle Weinstöcke erfroren seien. Der Winter des Jahrs 764 war ebenfalls sehr streng, schneereich und von langer Dauer, so daß die meisten Reben erfroren; das Gleiche wird vom Jahr 802 berichtet. Das Jahr 820 war sehr regnerisch und es fehlte ganz an der nöthigen Sommerwärme;

man bekam daher nur wenig und sauren Wein. Auf mehrere Fehljahre folgte 828 wieder ein gesegneter Jahrgang; der strenge, langdauernde Winter 860 aber richtete eine Menge Reben zu Grund. Im Jahr 882 gab es viel und guten Wein. Im zehnten Jahrhundert werden als durch strenge und lange Dauer ausgezeichnet die Winter der Jahre 928, 940, 943, 962, 975 und 994 angeführt; vom Jahr 968 wird gemeldet, daß scharfe Winde im Mai den Reben sehr schadeten, und der Sommer 988 wird als sehr heiß bezeichnet. Auch die Winter 1020 und 1035 waren sehr kalt, die Sommer 1022 und 1038 sehr heiß. Das Jahr 1043 brachte einen stürmischen, gewitterreichen und wegen des vielen Regens kalten Sommer, so daß nur wenig und saurer Wein wuchs. Im Jahr 1057 erfror ein großer Theil der Reben während des sehr kalten, schneereichen Winters, und 1063 durch eine um die Mitte des Aprils mit starkem Schneegestöber und Sturm eintretende heftige Kälte. Im Jahr 1070 wuchs sehr viel Wein; bei der von Martini 1076 bis in den März 1077 dauernden strengen Kälte aber giengen viele Reben mit den Wurzeln zu Grunde. Die Jahre 1091 und 1111 lieferten vielen und guten Wein. Im Jahr 1125 folgte auf einen kalten Winter ein rauher Frühling, am 21. Mai erfroren bei einem starken Reifen die Reben und der nasse Sommer mit seinen giftigen Nebeln vernichtete vollends die Hoffnung auf einen Weinertrag. In den Jahren 1138 und 1140 aber wuchs sehr viel Wein. Im Jahr 1146 erfroren am 6. Junius die meisten Reben und da hierauf starke Regengüsse folgten, mißrieth der Wein gänzlich. Im Jahr 1152 wuchs eine solche Menge Weins, daß man vielen davon verschenkte; 1157 fiel noch im März bei starker Kälte ein tiefer Schnee, hierauf aber folgte ein heißer und sehr trockener Sommer. Durch die kalten Winter 1163 und 1165 litten die Reben sehr und ebenso durch den kalten und regnerischen Sommer 1174. Dagegen zeichneten sich die Jahre 1180, 1182 und 1183 durch ihre dem Gedeihen aller Gewächse sehr günstige Witterung aus und man bekam Wein in Menge. Der Winter von 1186 war sehr mild, die Bäume blühten schon im Februar und zu Anfang des Augusts begann die Weinlese, die einen reichlichen Ertrag lieferte; gerade das Gegentheil war das Jahr 1187, wo noch an Pfingsten ein tiefer Schnee fiel. Die Sommer der Jahre 1188 und 1189 waren heiß, die der Jahre 1191 und 1194 sehr regnerisch und gewitterreich, daher auch dem Gedeihen der Reben höchst nachtheilig. In den Jahren 1204 und 1205 folgten auf trockene, heiße Sommer, strenge Winter; auch die Winter von 1210 und 1215 waren sehr kalt und stürmisch, dagegen folgte 1217 auf einen kalten Winter wieder ein heißer Sommer und es gab sehr viel Wein.

In den Jahren 1219, 1224 und 1225 litten die Reben durch strenge Winterkälte sehr noth; im Jahr 1236 aber folgte auf einen kalten Winter ein heißer Sommer und es wuchs sehr viel und ziemlich guter Wein; im Jahr 1237 jedoch, wo zwar der Winter gelind, der Sommer aber kalt und regnerisch war, fiel die Weinlese schlecht aus. Die Jahre 1243, 1244 und 1245 zeichneten sich durch große Trockenheit aus, 1250 folgte auf einen sehr strengen und schneereichen Winter von langer Dauer ein nasses Frühjahr und ein regnerischer Sommer. In dem durch seine heftigen Stürme ausgezeichneten Jahr 1253 gab es wenig und sauren Wein und ebenso im Jahr 1254, weil am 25. April ein heftiger Frost den Reben sehr schadete, und im Jahr 1255 wegen des kalten nassen Sommers.

Während der Jahre 1256, 1259, 1260, 1266, 1270, 1271 und 1274 war die Witterung dem Gedeihen der Reben sehr günstig, der Winter meist mäßig kalt, der Sommer warm und trocken; es wuchs viel und guter Wein, von welchem 1271 der Eimer 12 Groschen, 1274 fünf Schillinge kostete. Die Jahre 1272 und 1275 aber zeichneten sich durch ihre ungewöhnliche Regenmenge aus, welche schädliche Ueberschwemmungen verursachte, und lieferten nur wenig, sehr schlechten, beinahe ungenießbaren Wein. In den hierauffolgenden Jahren 1276, 1277, 1278, 1279 und 1280 dagegen wuchs viel und guter Wein, 1276 gab es schon zu Ende des Augusts reife Trauben, 1278 beschädigte zwar ein Schneefall am 16., 17. und 18. Mai die Reben, in dem darauf folgenden heißen Sommer aber erholten sie sich wieder ganz. Am 13. Mai 1283 erfroren in der Gegend um Stuttgart beinahe alle Reben, 1284 und 1287 aber gab es vielen und guten Wein, von welchem 1287 der Eimer 13 Kreuzer kostete. Im März 1288 litten die Reben sehr durch Kälte, und am 12. Julius wurden sie in der Gegend von Eßlingen und Beutelspach durch ein Hagelwetter beschädigt; auch im nächsten Jahr (1289) erfroren sie, und man bekam daher nur wenig Wein. Der Winter von 1289 auf 1290 zeichnete sich durch seine ungewöhnliche Milde aus; die Bäume behielten ihre Blätter bis Weihnachten und bekamen dann neue, im Februar gab es reife Erdbeeren und im April blühten die Trauben. Am 20. Mai aber trat auf einen starken Schneefall strenge Kälte ein, durch welche die Reben sehr litten; sie erholten sich jedoch bei der hierauf folgenden anhaltend warmen Witterung wieder, und es gab noch viel und guten Wein; der Eimer kostete 5 Schillinge. Im Jahr 1292 schadete die heftige, lang anhaltende Winterkälte den Reben sehr und es wuchs wenig Wein. Im Jahr 1293 war der Sommer sehr heiß und trocken; am 28. Julius aber richtete in den Gegenden um den Rhein, den Neckar und die Donau ein Hagelwetter in den Weingärten großen Schaden an; es gab daher wenig Wein, aber von ausgezeichneter Güte. Einen gleich guten und dabei reichlichen Weinertrag lieferte das Jahr 1294, dessen Sommer ebenfalls sehr heiß und trocken war. Im Jahr 1297 gab es zwar viel, aber nur mittelmäßigen Wein.

Im Jahr 1302 folgte auf einen gelinden Winter ein kühler Sommer und Herbst, und der Wein wurde sauer; 1303 aber, bei der anhaltenden Trockenheit und Hitze sehr gut. Auf strenge Kälte zu Ende des Jahrs 1305 trat am 2. Februar 1306 plötzlich Thauwetter ein und verursachte Ueberschwemmungen, welche auch in den Weingärten großen Schaden anrichteten.

Mit dem Jahr 1310 begann eine achtzehnjährige Periode des Mißwachses, welche nur durch die Jahre 1318 und 1319 unterbrochen wurde, in welchen Frucht und Wein wohl geriethen. Diese beiden Jahre ausgenommen, herrschte nie rechte Sommerwärme, vielmehr waren die Sommer meist regnerisch, die Winter aber sehr kalt und die Witterung war dem Gedeihen der Reben sehr nachtheilig. Sie erfroren 1311 im Winter, 1313 mußte die Weinlese so weit hinausgeschoben werben, daß die Trauben an den Stöcken erfroren, 1320 kostete der Eimer sauren Weines 1 Pfund Heller, 1323 erfroren die Reben im Mai, 1325 gab es zwar ziemlich viel Wein, er wurde aber sehr sauer; der Eimer kostete 43 Kreuzer. Mit dem Jahr 1328 endigte diese Zeit der Noth; die Witterung in diesem Jahr war gleich Anfangs so mild, daß im Januar die Obstbäume, im April die Trauben blühten. Um Johannis fand man schon reife Trauben und vierzehn Tage nach Jakobi begann die Weinlese, welche einen reichlichen Ertrag von ausgezeichneter Güte lieferte. Der Sommer des Jahrs 1330 war kalt und regnerisch, es wuchs sehr wenig und saurer Wein, im Jahr 1333 aber bekam man „einen Ausbund von köstlichem Wein", der Eimer kostete 8 Batzen. In dem sehr regnerischen Jahr 1335 wuchs wenig und ein saurer, 1336 aber ziemlich viel Wein. Im Jahr 1337 erschienen aus dem Morgenlande ungeheure Heuschreckenschwärme, welche, wo sie sich niederließen, in kurzer Zeit alles Grüne wegfraßen, in den Jahren 1338, 1339 und 1340 wiederkehrten und erst im letztern Jahr durch starke Regengüsse und ungewöhnliche Kälte vertilgt wurden.

Im Jahr 1343 erfroren die Reben am dritten und 1347 am achten September, 1355 richtete Hagelwetter in Schwaben und Franken große Verheerungen unter den schon reifen Trauben an, 1357 war „ein ungeschlachter, später Jahrgang," in dem wenig und saurer Wein wuchs. Auf einen heißen Sommer folgte 1362 ein sehr kalter Winter, 1365 aber war der Winter noch strenger und von langer Dauer. Im Jahr 1368 gab es sehr vielen Wein, 1370 aber erfroren die Trauben im Herbst am Neckar und am Bodensee an den Stöcken, zu Ravensburg erwärmte man sie in Kesseln, um sie keltern zu können; der Wein blieb den ganzen Winter über süß, erst um Pfingsten 1371 begann er zu gähren und wurde sauer. Gute Weinjahre waren 1372 und 1373, im Jahr 1374 aber schadeten große Ueberschwemmungen, 1378 der strenge Winter den Reben. Im Jahr 1382, wo mehrere Monate eine vollkommene Windstille herrschte und die Luft verderbte, wurde der Wein sauer. Mit dem gelinden Winter von 1383 begann eine Reihe fruchtbarer Jahrgänge, welche mit dem Jahr 1387 endeten; es wuchs nicht nur ein guter, sondern auch meistens viel Wein, besonders 1386, wo es an Gefäßen fehlte, um ihn aufzubewahren, der Eimer kostete 10 Kreuzer, 1383 und 1387 aber 32 Kreuzer. Im Jahr 1393 erfroren die Trauben um Michaelis und der Wein wurde sauer; in dem durch seinen heißen und trockenen Sommer ausgezeichneten Jahr 1394 aber wuchs viel und sehr guter Wein, von dem der Eimer 10 Batzen kostete. Auch im Jahr 1398 gab es vielen, aber nur mittelmäßigen Wein.

Mit dem Jahr 1400 begann wieder eine schlimme Zeit des Mißwachses und der Theurung. Besonders naß und regnerisch waren die Jahrgänge 1400, 1401, 1403 bis 1406 und 1415; sehr kalt und langdauernd war der Winter von 1406 auf 1407 und richtete die meisten Reben zu Grund. In der Gegend um Stuttgart erfroren die Reben im niedern Feld auch am 10. Mai 1402, 1411 bekam man zwar viel, aber nur mittelmäßigen Wein, 1418 wurde er sauer. Am 28. August 1419 zerstörte ein Hagelwetter, wie man es seit Menschengedenken nicht erlebt hatte, in einem Umkreis von drei Meilen um Stuttgart beinahe alle Reben. Mit dem Jahr 1420 aber begann hierauf eine neunjährige Periode, während welcher „Alles wohl gerieth, so daß es eine gar wohlfeile Zeit war und Jedermann genug hatte". Der Frühling dieses Jahrs war sehr warm; am 20. März fingen die Obstbäume an zu blühen, am 4. April die Trauben, um Jakobi begann die Weinlese, welche einen reichlichen und guten Ertrag lieferte. Auch in den nächsten acht Jahren (1421—1428) gab es vielen und guten Wein, 1428 kostete die Maaß Neckarwein zu Augsburg 2 Pfennige, 1426 der Eimer 13 Kreuzer. „Wenn eine Zeche gehalten wurde, hat man sie nicht zahlen können, sondern stehen lassen müssen, bis man noch einmal gezecht hatte, oder zahlte abwechselnd Einer für Alle."

1429 folgte auf einen kalten Winter und Frühling ein nasser Sommer; es gab wenig und sauren Wein.

1430 erfroren die Reben bei scharfer Kälte am 6. und 12. Mai; es wuchs nur wenig und schlechter Wein, von welchem die Maaß 7 Pfennige kostete.

1431 gab es sehr vielen und guten Wein, ein Morgen lieferte in Franken bis auf 18 Eimer Ertrag, in Schwaben ließ man viele Trauben an den Stöcken hängen, goß aus Mangel an Fässern den alten Wein aus oder machte Kalk damit an. Die Maaß kostete einen Heller und wer eine im Wirthshaus holte, bekam dazu einen rothen Hosennestel. Um Martini aber begann ein kalter, schneereicher Winter, so daß die Reben erfroren und 1432 nur wenig und saurer Wein wuchs.

1433 dauerte die Kälte bis Lichtmeß fort; am 18. Januar erfroren die Reben im hohen und niedern Feld; der Sommer war naß und kalt und man bekam nur wenig und schlechten Wein.

1434 erfroren die Reben in ganz Schwaben am 25. April und 1. Mai; es gab nur sehr wenig und schlechten Wein, von welchem der Eimer dennoch 4 Gulden 5 Schillinge kostete. Das Kloster Zwiefalten erhielt von seinen vielen Weingärten nur zwei Fässer Wein.

1435 beschädigte die langdauernde Winterkälte die Reben sehr, doch wird gemeldet, daß in der Gegend um Eßlingen und Stuttgart der Wein noch wohl gerathen sei.

1436 erfroren bei starker Kälte zu Anfang des Mai die Reben in Franken und Schwaben.

1437 litten die Reben zwar im Winter und Frühling durch Frost, erholten sich aber in dem heißen und trockenen Sommer wieder und es gab wenig, aber einen „Ausbund" von Wein.

1438 mißriethen Frucht und Wein, 1439 aber „war ein fruchtbares und gesegnetes Jahr, da Alles köstlich und gut erwuchs."

1440 begann vor Weihnachten ein kalter schneereicher Winter, welcher bis in den März 1441 dauerte und die Reben sehr beschädigte, so daß nur wenig Wein wuchs.

1442 war ein sehr fruchtbares Jahr, in welchem ein Ueberfluß von sehr gutem, süßem Wein wuchs, von welchem die Ohm (64 Maaß) 15 Kreuzer kostete.

1443 dauerte der sehr kalte Winter bis in die Mitte des Mai's, und es wuchs nur wenig saurer Wein.

1444 wird von der Witterung nichts Besonderes berichtet.

1445 wuchs wieder viel und sehr guter Wein, von dem die Maaß einen Pfennig kostete.

1446 erholten sich die im Frühling erfroreren Reben bei nachfolgender günstiger Witterung wieder und lieferten ziemlich viel und ziemlich guten Wein.

1447 beschädigte die Kälte die Reben sehr und der Wein wurde sauer.

1448 war der Sommer sehr heiß und trocken; es gab viel und guten, starken Wein, wovon die Maaß 2 Pfennige kostete.

1449 war der Winter sehr mild.

1450 gab es vielen und guten Wein; ein Wagen See=wein kostete 5 Pfund Heller.

1451 war der Sommer gewitterreich.

1452 war der Winter schneearm, aber kalt.

1453 dauerte die Kälte noch längere Zeit fort, die Reben erfroren, man bekam wenig und sauren Wein.

1454 war ein kaltes und nasses Jahr, es wuchs zwar ziemlich viel, aber schlechter Wein.

1455 und 1456 waren ebenfalls zwei kalte und nasse Jahre, in denen nur wenig und saurer Wein wuchs. Im Jahr 1456 verordnete die württembergische Regierung, daß in jeder Amtsstadt, „die einen namhaften Weinwachs habe, alljährlich eine Weinrechnung gemacht werden sollte, damit die Streitigkeiten wegen des Schlags und Kaufs und die Uebervortheilung der Weingärtner durch die Weinhändler auf=hörten."

1457 gab es viel Schlagregen, auf welche jedesmal Dürre folgte, wodurch das Erdreich ungeschlacht wurde; doch wuchs ziemlich viel, aber mittelmäßiger Wein.

1458 war der Sommer sehr regenreich; die Trauben hatten eine schlechte Blüthe und fielen in Menge ab; es gab wenig und mittelmäßigen Wein.

1459 war ein kaltes, unfruchtbares Jahr; die Reben erfroren im Frühjahr und blühten schlecht wegen des vielen Regens, daher wuchs nur wenig und saurer Wein.

1460 erfroren die Reben im Winter und hatten eine regnerische Blüthe; es gab wenig und sehr mittelmäßigen Wein, von dem die Maaß 5 Pfennige kostete.

1461 war das Frühjahr dem Gedeihen der Reben sehr günstig, im Junius aber richtete ein Hagelwetter großen Schaden an, doch erhielt man noch ziemlich viel und guten Wein.

1462 litten die Reben noch ärger durch den Hagel und man bekam ziemlich wenig und einen mittelmäßigen Wein.

1463 war ein kaltes, regnerisches Jahr; die Reben reisten daher nicht recht und man erhielt ziemlich wenig und einen mittelmäßigen Wein.

1464 folgte auf einen langen, schneereichen Winter ein warmer trockener Sommer, und es gab zwar wenig, aber guten Wein.

1465 war ein sehr fruchtbares Jahr; die Reben hatten im Mai schon abgeblüht und lieferten vielen und guten Wein. In Stuttgart gab man für ein eimeriges Faß einen Eimer Wein.

1466 war ein spätes und nasses Jahr, in welchem wenig und saurer Wein wuchs.

1467 war der Sommer heiß und sehr trocken; man erhielt viel und sehr guten Wein.

1468 schadete ein Schneefall am 12. Mai den Reben sehr, der Sommer war kühl, der Herbst regnerisch und der Wein wurde in Rücksicht auf Quantität und Qualität mittelmäßig.

1469 war ein kaltes, nasses Jahr; die Trauben blühten erst nach dem Ulrichstag (d. 4. Julius); es gab wenig und sauren Wein. Zu Eßlingen richtete ein schreckliches Hagelwetter am 4. April solchen Schaden an, daß man im Herbst kaum sechs Wagen Wein erhielt, der überdieß sehr gering war.

1470 war ein sehr fruchtbares Jahr, es wuchs viel und guter Wein.

1471 regnete es während der Rebenblüthe sehr häufig und es fiel daher eine Menge Trauben ab; die übriggebliebenen gediehen aber bei der darauffolgenden sehr günstigen Witterung auf's Beste und lieferten zwar wenig, aber einen sehr guten Wein.

1472 war der Sommer heiß und trocken, der Herbst warm und es wuchs viel sehr guter Wein.

1473 erfroren um Fastnacht die nicht bezogenen Reben;

bei der darauf folgenden warmen Frühlingswitterung aber erholten sie sich wieder; der Sommer war so heiß und trocken, daß Wälder sich entzündeten, Bäche und kleine Flüsse austrockneten. Am 30. Julius fand man schon reife Trauben und es wuchs viel und ein „Ausbund" von Wein.

1474 schadeten Reifen im Frühling den Reben sehr; es gab daher wenig Wein, der aber, weil wieder ein heißer und und trockener Sommer kam, gut wurde.

1475 und 1476 waren zwei durch ihre Fruchtbarkeit gleich ausgezeichnete Jahre, welche vielen und guten Wein lieferten.

1477 hatten die Reben eine schlechte Blüthe, auch die Sommerwitterung war ihnen nicht günstig und der Wein wurde in Rücksicht auf Quantität und Qualität mittelmäßig.

1478 war ein fruchtbares Jahr, in welchem alle Gewächse gediehen und viel und guter Wein wuchs.

1479 litten die Reben im Frühling durch Reifen, doch war ihnen die Sommerwitterung günstig; es gab daher zwar ziemlich wenig, aber guten Wein.

1480 war die Sommerwitterung dieselbe wie 1479, die Reben aber litten während der Blüthe durch Wetterleuchten; man bekam deßwegen wenig, aber guten Wein.

1481 war ein kaltes, nasses Jahr; die Reben blühten übel, der Sommer war sehr regnerisch, es wuchs wenig und saurer Wein.

1482 gediehen bei günstiger Witterung alle Gewächse gut; man bekam sehr viel und guten Wein.

1483 war der Sommer sehr heiß und trocken und es gab viel und guten Wein.

1484 war ein sehr fruchtbares Jahr, der Sommer dem Gedeihen der Reben ganz günstig, da seine Hitze und Trockenheit öfters durch befruchtende warme Regen unterbrochen wurde, daher wuchs ein guter Wein, und so viel, als bei Menschengedenken nicht mehr, besonders am Bodensee, wo das Fuder um 4 Pfund Heller verkauft wurde. Man gab ein volles Faß für ein leeres und bewahrte an manchen Orten, z. B. zu Stuttgart, den Wein in Bütten auf, schüttete sogar davon aus, rührte Lehm und Kalk damit an. Die Maaß des besten

Weins kostete einen Pfennig, vom geringeren gab man die Maaß um ein Ei.

1485 war ein kaltes und nasses Jahr; im März schneite es viel, um Georgii gab's starke Reifen und noch am 1. Mai erfroren die Reben; auch hatten sie eine schlechte Blüthe und der regnerische Sommer war ihrem Gedeihen gar nicht günstig; es wuchs daher nur wenig und saurer Wein und zu Stuttgart kostete nach der Weinlese der Eimer alten Weines 25 bis 30 Gulden.

1486 war der Frühling naß, der Sommer aber warm und trocken; es gab nicht viel, aber guten Wein.

1487 litten die Reben, welche schon um Weihnachten 1486 die Kälte sehr beschädigt hatte, im Frühling durch Reifen; im Sommer kam zwar bessere Witterung, aber es wuchs doch nur wenig und mittelmäßiger Wein.

1488 war der Frühling naß und kalt; am 5. April erfroren die Reben übel, auch während ihrer Blüthe trat schlechte Witterung ein und der Sommer war kalt. Die Weinlese, welche am 16. Oktober begann, lieferte zwar noch ziemlich viel, aber sauren Wein. Bei Stuttgart richtete ein Hagelwetter Schaden an und am 29. September warf ein ungestümer Wind „die Stöcke wohl halb in's Thal".

1489 regnete es in dem warmem Winter viel und gefror wenig. Der Frühling war trocken, der Sommer aber naß und um die Traubenblüthe besonders regnerisch, so daß es nur wenig und sauren Wein gab.

1490 war der Frühling rauh, noch im Mai schneite es; um Johannis kam Regenwetter und Hagel, die Trauben hatten eine schlimme Blüthe, man bekam wenig und schlechten Wein. Da man nach der Weinlese wegen zu großer Trockenheit die Reben nicht beziehen konnte, erfroren dieselben, als nach einem starken Schneefall am 14. November heftige Kälte eintrat, im niedern Feld ganz und sonst theilweise.

1491 dauerte die Kälte, mit beinahe täglichem Schneefall, bis in die Fastenzeit fort, so daß die Reben noch einmal erfroren und man nur in den höchsten Lagen noch einiges Grün sah, welches der rauhe Frühling vollends zerstörte. Auch die Sommerwitterung war ungünstig; die Traubenblüthe begann erst zu Anfang des Julius, die Weinlese an Simonis und Judä. Es wuchs sehr wenig und saurer Wein, die ganze Stuttgarter Markung lieferte nur 6 Fuder Zehentwein. Die Maaß alten Weines galt 8 und 9 Schilling.

1492 trieben zwar die Reben im Frühling stark, hierauf aber kam ein kalter und nasser Sommer und an Jakobi noch erfroren die Reben im niedern Feld; auch hatten sie eine schlechte Blüthe, daher gab es wenig und sauren Wein. Die Maaß alten Weins kostete 10 und 11 Schillinge.

1493 war der Winter kalt und schneearm, der Frühling brachte Frost, welcher den Reben schadete; mit Johannis aber trat anhaltend warme Witterung ein und es gab zwar ziemlich wenig, aber guten Wein.

1494 war der Frühling naß, noch am 22. April schneite es und die Reben litten durch Frost; hierauf aber wurde die Witterung ihrem Gedeihen anhaltend günstig und man erhielt noch sehr viel und guten Wein. In der Christnacht aber trat Kälte ein, die nicht bezogenen Reben erfroren und man mußte viele abschneiden.

1495 dauerte die Kälte bis zu Ende des Märzes fort und beschädigte die Reben sehr; da hierauf aber anhaltend trockene und warme Witterung folgte, erholten sie sich wieder und lieferten viel und guten Wein.

1496 war der Winter kalt und schneereich, die nicht bezogenen Reben im niedern Feld erfroren; aber auch jetzt folgte günstigere Witterung nach und so bekam man noch ziemlich viel und guten Wein.

1497 war der Winter mild und regnerisch, nur im März fiel einige Mal Schnee; während der Blüthe litten die Trauben durch rauhe Winde, sonst aber waren Frühling und Sommer warm und trocken; es gab viel und guten Wein.

1498 erfroren im Januar die unbezogenen Reben so sehr, daß man sie beinahe alle abschneiden mußte. Die wenigen, welche man stehen ließ, wurden zwar wieder grün, bekamen aber keine Trauben. Auch der Sommer war kalt und naß, daher wuchs nur wenig und saurer Wein.

1499 beschädigte am 22. Mai ein Reifen die Reben, sonst aber war die Witterung deren Gedeihen sehr günstig und es gab viel und guten Wein.

1500 litten die Reben in der Blüthezeit Schaden und

es wuchs daher wenig Wein, aber er wurde gut; die Maaß kostete 19 Pfennige.

1501 war ein kaltes Jahr mit viel Regen und Nebeln; es gab wenig und sauren Wein.

1502 dauerte der Schneefall, welcher schon in den Christfeiertagen 1501 begonnen hatte, bei jedoch mäßiger Kälte den Januar über fort; erst um Pfingsten aber litten die Reben durch starken Frost, wurden hie und da auch durch Hagel beschädigt, „trieben aber viel Trauben". Daher gab es auch viel, aber mittelmäßigen Wein, von dem die Maaß in Ravensburg 7 bis 9 Pfennige, am Bodensee 1 Kreuzer galt.

1503 folgte auf einen langen kalten Winter ein sehr heißer Sommer; während vier Monaten regnete es gar nicht, man bekam daher viel und guten Wein; ebenso im Jahr 1504, dessen Sommer an Hitze und Trockenheit dem des Jahrs 1503 nicht viel nachstand.

1505 gab es im Sommer einen, wie gewöhnlich von großer Trockenheit begleiteten, Höherauch. Die Hälfte der Reben wurde windburr und man mußte viele abschneiden, bekam daher auch wenig, aber guten Wein.

1506 erfror ein großer Theil der Reben im Frühling; es gab deßwegen wieder wenig, wegen der günstigen Sommerwitterung aber guten Wein.

1507 folgte auf einen gelinden Winter und warmen Frühling ein kalter, dem Gedeihen der Reben sehr nachtheiliger Sommer. Am 4. Julius richtete auch ein heftiges Hagelwetter in der Gegend von Horb, Rottenburg, Reutlingen, Tübingen und im Ammerthal großen Schaden an. Es gab zwar viel, aber ziemlich schlechten Wein.

1508 war der Sommer sehr naß; am 31. Julius richtete ein Wolkenbruch in Stuttgart großen Schaden an. Der Weinertrag war nach Quantität und Qualität mittelmäßig.

1509 wuchs bei günstiger Witterung viel und guter Wein.

1510 war es im März zwar noch ziemlich kalt; hierauf folgte aber warme, dem Gedeihen der Reben günstige Witterung, es wuchs viel und guter Wein. Nur bei Stuttgart litten die Reben durch Hagel am 9. und 17. Junius.

1511 war ein kaltes und nasses Jahr, es gab wenig und sauren Wein.

1512 litten die Reben wieder sehr durch die kalte nnd nasse Witterung, zu Ende Aprils namentlich durch mehrere starke Reifen, bei Stuttgart auch durch Hagel; der Weinertrag war sehr gering, der Wein sauer.

1513 erfroren nach Georgii viele Reben, die übriggebliebenen aber gediehen desto besser und es gab zwar wenig, aber guten Wein.

1514 dauerte die heftige Winterkälte, welche in den ersten Tagen des November 1513 begonnen hatte, bis zum 25. Januar fort, dann aber trat Thauwetter ein, der Frühling brachte milde Witterung, der Sommer war anhaltend warm, so daß die Reben wohl gediehen und es viel und guten Wein gab.

1515 war ein naßkaltes, dem Gedeihen der Reben sehr ungünstiges Jahr, in welchem zwar viel, aber saurer Wein wuchs.

1516 erfror ein Theil der Reben während des Winters, der Frühling und Sommer aber waren warm und es gab zwar wenig, aber sehr guten Wein.

1517 war der Winter sehr kalt; am 6. Januar erfroren die unbezogenen Reben zum größten Theil und viele mußten weggeschnitten werden; die übrigen machten im trockenen, warmen Frühling ziemliche Fortschritte. Um Georgii aber trat wieder starke Kälte ein und verderbte auch sie, so „daß im ganzen Gefild nichts Grünes mehr zu sehen war." Der Sommer war sehr trocken und stürmisch und am 26. Junius brach über den größeren Theil des damaligen Wirtenbergs ein Hagelwetter aus, welches den Herbstsegen vollends vernichtete. Zu Stuttgart „trug und führte Jeder seine wenigen Trauben in die herzogliche Kelter, wo nur ein Baum und zwei Trotten giengen, und obwohl der Wein sehr sauer und blos lieberlich war, galt die Maß unter der Kelter doch 7 bis 8 Pfennige". Der alte Wein schlug daher bedeutend auf, um Simonis und Judä kostete das Fuder 58 bis 60 Gulden.

1518 litten die Reben nicht nur im Winter, sondern auch im Frühling sehr durch Kälte, erholten sich aber im heißen und trockenen Sommer so sehr wieder, daß es zwar wenig, aber einen „Ausbund" von Wein gab.

1519 war ein sehr fruchtbares Jahr, in welchem es viel und guten Wein gab.

1520 war ein naßkaltes Jahr; um Georgii kam rauhe Witterung, welche bis in den Mai dauerte; am 24. April und 16. Mai erfroren die Reben. Kurz vor dem Beginn der Weinlese trat wieder starke Kälte ein, so daß die Trauben nicht reifen konnten, daher gab es wenig und sauren Wein.

1521 war die Witterung allen Gewächsen sehr günstig, es wuchs viel und guter Wein.

1522 litten die Reben um Georgii sehr durch Reifen, daher gab es wenig Wein, bei der fortwährend günstigen Witterung aber wurde er gut.

1523 war der Sommer Anfangs regnerisch, im August aber kam trockene, sehr heiße Witterung und man erhielt viel guten Wein.

1524 gab es am 10. April einen sehr starken Reifen und am Pfingstsonntag fiel ein unerwarteter Frost ein, so daß es Eis gab, die Trauben hatten eine schlimme Blüthe und der nasse Sommer war ihrem Gedeihen hinderlich; man bekam daher nur wenig und schlechten Wein.

1525 schadete ein Reifen am 5. Mai den Reben sehr, es gab nur wenig Trauben, bei der großen Sommerhitze aber reiften sie schnell und lieferten einen guten Wein.

1526 litten die Reben durch einen harten Frost am 4. Mai, während ihrer Blüthezeit regnete es viel, auch der Sommer war naß und man bekam nur wenig und sauren Wein.

1527 war es noch schlimmer, indem im Frühling ein großer Theil der Reben erfror und die zu Ende des Septembers eintretende Kälte das Reifen der wenigen noch übriggebliebenen Trauben verhinderte, so daß der Wein sehr sauer und beinahe ungenießbar wurde.

1528 war es noch den ganzen April durch hart gefroren, dann aber kam anhaltend warme und trockene Witterung, doch mit Regen untermischt, so daß man viel und einen guten

Wein erhielt. Die Maaß davon kostete 3 Heller, der vorjährige aber wurde ganz werthlos.

1529 war ein sehr nasses Jahr, vom 12. bis 15. Junius regnete es ohne Unterbrechung; die Trauben hatten eine schlimme Blüthe, die Kochmonate waren naß und kalt, kurz vor der Weinlese kam noch ein starker Frost, es gab wenig Wein, der so sauer war, „daß ihn Niemand trinken wollte und er sogar den Essig verderbte". Später, als ein besserer Wein wuchs, schüttete man ihn aus oder machte Kalk damit an. Man nannte ihn den Wiedertäufer, auch, weil die Türken in diesem Jahre Wien belagerten, den Türkenwein.

1530 erfroren die Reben am 1. Mai, die Sommerwitterung aber war ihrem Gedeihen günstig und man bekam zwar wenig jedoch guten Wein.

1531 litten die Reben, bei sonst günstiger Witterung, in manchen Gegenden durch Hagel, man erhielt aber ziemlich viel und guten Wein.

1532 war die Witterung dem Gedeihen der Reben sehr günstig, es wuchs viel und guter Wein, von dem die Maaß 4 Pfennige kostete.

1533 war ein unfruchtbares Jahr mit einem nassen Sommer, und es gab daher nur wenig und schlechten Wein.

1534 wurden die Reben im Frühling durch Reifen sehr beschädigt, der warme und trockene Sommer aber war für sie sehr vortheilhaft, man bekam guten, jedoch nur wenig Wein.

1535 war ein gutes fruchtbares Jahr, in welchem viel und ein guter Wein wuchs.

1536 war der Sommer so trocken und heiß, daß Brunnen und Bäche versiegten. Wein gab es ziemlich viel und er wurde sehr gut; das Fuder kostete 17 Gulden.

1537 hatten die Trauben eine schlimme Blüthe, daher gab es wenig, doch guten Wein.

1538 litten die Reben durch Reifen am 16. und 17. Mai, später dann durch den nassen und kalten Sommer, wie durch Hagel, und man bekam nur wenig und sauern Wein.

1539 war ein ausgezeichnetes Weinjahr, „es gab eine so überschwenglich reiche Weinlese, wie bei Menschengedenken zuvor kaum eine gewesen;" man gab ein volles Faß her für ein leeres, und da es an Fässern sehr fehlte, rüstete man in Städten wie auf dem Lande Weinkästen zu. Denn der reiche Weinertrag kam auch ganz unerwartet; noch drei Wochen vor der Weinlese, so berichtet ein Zeitgenosse, hätten sich die erfahrensten Weingärtner eines solchen nicht versehen. Die Maaß Wein, welche vor der Weinlese einen Batzen kostete, war sechs Wochen nachher um einen Pfennig zu haben.

1540 übertraf noch das vorhergegangene Jahr. Mit dem 1. Februar trat Tockenheit und Wärme ein, erst am 29. Julius regnete es, der Sommer brachte eine solche Hitze, wie man sie seit 60 Jahren nicht mehr erlebt hatte; man nannte ihn vorzugsweise den heißen Sommer. Es wuchs daher sehr viel Wein von ausgezeichneter Güte; die Weingärten am Michaelsberg bei Ulm lieferten, wie berichtet wird, ein Gewächs, so gut als der Elsäßer Wein. Weil bei der großen Hitze viele Trauben verdorrten, begann man mit der Weinlese schon am Bartholomäustag und ließ die dürren Trauben stehen. Bald nachher aber kam „eine gute Durchfeuchte", auch diese Trauben liefen auf und wurden frisch, so daß man von neuem las und „der zweite Wein besser als der erste wurde" *). Der Geschichtschreiber Martin Crusius berichtet, man habe von diesem Wein noch im Jahre 1595 Vorräthe in den städtischen Rathskellern finden können, er selbst habe denselben öfters gekostet und so stark gefunden, daß ein kleiner Becher voll einen Menschen berauschen konnte. Eben so erzählt Johann Ernst v. Pflummern in seinen Biberacher Annalen, sein Vater habe noch im Jahre 1600 drei bis vier Eimer dieses Weines gehabt, welcher an Stärke dem Branntwein nichts nachgab. Man füllte ihn jährlich mit neuem Wein auf, endlich aber stand er ab, erhielt einen unlieblichen, bösen Geschmack, wurde trüb und schwarz.

1541 war abermals ein sehr fruchtbares Jahr, doch schadeten Frühlingsfröste den Reben, es gab daher nur wenig, aber guten Wein.

1542 war ein nasses, spätes Jahr, die Trauben blühten erst um Jakobi und die Weinlese begann um Simonis und

---

*) In Württemberg kostete dieser Wein von der Weinlese bis zum ersten Fastensonntag 1541 hundert Menschen das Leben.

Judä bei so kalter Witterung, daß fußlange Eiszapfen an den Bütten hingen. Zu Stuttgart richtete auch ein Hagel am 19. August großen Schaden an, manche Weinbergsbesitzer schenkten die Trauben ihren Weingartleuten oder gaben sie denselben fürs Pfahlausziehen. Es gab wenig und sauern Wein.

1543 war die Witterung dem Gedeihen der Reben im Ganzen günstig, wegen des vielen Regens während der Traubenblüthe aber fiel eine Menge Trauben ab, man bekam daher wenig, aber sehr guten Wein.

1544 war der Winter sehr kalt, der Frühling frostig und windig, noch am 1. und 3. Mai schneite es, die Reben wurden winddürr und es gab nur wenig und mittelmäßigen Wein.

1545, 1546 und 1547 waren drei in Rücksicht auf die Witterung dem Gedeihen der Reben günstige Jahre, in welchen viel und guter Wein wuchs.

1548 war ein dem Gedeihen der Reben nicht besonders günstiges Jahr; es gab zwar ziemlich viel, aber nur mittelmäßigen Wein.

1549 schadeten den Reben Reifen im Frühling, häufige Regen und Wetterleuchten während der Blüthe, es wuchs wenig und mittelmäßiger Wein.

1550 war der Winter regnerisch, am 20. April gab es noch einen starken Frost, hierauf aber folgte anhaltend günstige Witterung und man bekam viel und sehr guten Wein.

1551 kam im Februar große Kälte, viele Reben erfroren, am 23. April litten sie auch durch Reifen und am 22. Mai wurden die Weingärten um Stuttgart durch einen Platzregen mit Hagel übel verstößt. Im Allgemeinen aber gab es viel und guten Wein.

1553 folgte auf ein kaltes Frühjahr im Mai starke und anhaltende Hitze, so daß es viel und sehr guten Wein gab. Bei Eßlingen wuchs so viel Wein als nie zuvor in langen Jahren. Im Dezember begann es sehr kalt zu werden.

1553 dauerte die Kälte während der beiden ersten Monate fort und war noch am 14. und 15. Februar sehr groß, die unbezogenen Reben, besonders im niedern Feld, erfroren, und man mußte viele von ihnen wegschneiden. Der Frühling und Sommer brachten günstigere Witterung, in der Nacht des 30. Septembers erfroren zwar die Trauben, welche noch nicht reif waren, doch gab es noch viel und ziemlich guten Wein.

1554 herrschte im Januar und Februar große Kälte, vom 19. bis 31. Mai war es wieder sehr kalt, noch am 9. Junius kam ein starker Reifen, und die noch nicht zeitigen Trauben erfroren am 21. September. Man erhielt nur wenig und sauern Wein.

1555 war ein nasses Jahr, während der Rebenblüthe regnete es beständig und im Herbst gab's frühzeitig starken Reifen, daher wuchs wenig und ziemlich saurer Wein.

1556 war es Anfangs sehr kalt und noch nach Fastnacht schneiete es vierzigmal nach einander; hiedurch litten die Reben sehr und ungeachtet des warmen Sommers gab es wenig und ziemlich sauern Wein. Am 10. August richtete bei Stuttgart auch ein Hagelwetter großen Schaden an.

1557 war der Sommer naß, die Trauben blühten spät; es gab nur wenig und ziemlich sauern Wein.

1558 war der Sommer sehr heiß und trocken, es gab daher viel und guten Wein, doch verheerten Hagelwetter am 8. Julius die Gegend um Eßlingen, am 16. August das Ammerthal bei Tübingen.

1559 war der Frühling kalt und besonders am 9. April litten die Reben sehr durch Frost, darauf folgte ein regnerischer Sommer, es gab wenig und sauern Wein. Die Gegend um Eßlingen und Plochingen wurde am 21. Junius durch ein schreckliches Hagelwetter mit Wolkenbruch heimgesucht.

1560 war der warme Frühling dem Gedeihen der Reben sehr günstig, mit Johannis aber kam anhaltendes Regenwetter, und man erhielt einen der Quantität und der Qualität nach mittelmäßigen Wein. Im Dezember trat heftige Kälte ein.

1561 dauerte die Kälte bis zu Anfang des Märzes fort und da kein Schnee lag, erfroren die Reben im niedern und hohen Feld; später schadeten ihnen besonders während der Blüthe starke Nebel und Honigthau, daher gab es nur wenig und sauern Wein.

1562 waren die Reben „früh auf der Bahn" und gediehen bei günstiger Witterung trefflich, als am 3. August

11 Uhr Vormittags ein furchtbares Hagelwetter ausbrach, welches innerhalb zwei Stunden im größten Theil Schwabens Alles verheerte. Zu Stuttgart, wo alle Reben in den Grund geschlagen wurden, schrieb Herzog Christoph in sein Gemach: Balingen hat mehr Zehentwein gegeben als Stuttgart mit seinen vielen Reben; nicht eine Kelter ist aufgegangen ob Evas bösen Weiberschlangen. Man schrieb nämlich dieses Hagelwetter einer Hexenversammlung auf der Feuerbacher Haide bei Stuttgart zu und verbrannte hier deswegen neun alte Weiber als Hexen. Obwohl hierauf warme Witterung eintrat und zu Anfang Septembers die Reben wieder ausschlugen, kam es doch nicht mehr zum Reifen der Trauben. Die sehr wenigen vom Hagel verschonten Weingärten aber lieferten einen guten Wein.

1563 blieb der Schnee im Frühling lang liegen und erst am 4. Julius begann die Traubenblüthe, darauf folgte viel Regen und Kälte, es gab zwar ziemlich viel, aber sauern Wein. Am 23. Dezember erfroren die Reben in einem großen Theil Schwabens und Frankens.

1564 kam am 23. April, als die Reben schon ziemliche Fortschritte gemacht hatten, ein kalter, mit Schnee vermischter Regen, den 8. Mai ein verderblicher Reifen, am 24. Mai schneiete es noch einmal bis Mitternacht, dann wurde es hell und wenn es Morgens nicht einen Nebel gegeben hätte, wäre Alles erfroren; auch so aber wurde das Neckarthal mit seinen Nebenthälern schwer heimgesucht und es gab sehr wenig sauern Wein.

1565 dauerte das Schneien, welches am 7. Dezember 1564 begonnen hatte, bis zum 10. Februar fort, ohne daß auch nur ein Schnee ging, es wurde daher sehr kalt, die Reben erfroren und litten noch im Frühling sehr durch Kälte, schnell eintretendes Thauwetter bewirkte dann schädliche Ueberschwemmungen, man bekam wenig und sauern Wein.

1566 war ein kaltes und nasses Jahr, in dem zwar ziemlich viel, aber saurer Wein wuchs.

1567 beförderte der trockene und heiße Sommer das Gedeihen der Reben sehr, man bekam viel und guten Wein.

1568 trat am 4. März bei starkem Schneefall eine heftige Kälte mit scharfen Winden ein, die bis zum 20. April dauerte und den Reben sehr schadete; es gab wenig und sauern Wein. Am 22. Dezember erfroren die Reben.

1569 nahm die Kälte noch zu, es schneiete viel und gefror vom 18. bis 24. April alle Morgen; am 14. Mai kam mit einem kalten Wind und Regen aufs Neue ein starker Frost, und nach einem kurzen, durch Hagelwetter schädlichen Sommer, begann es schon am 16. September wieder kalt zu werden. Es gab sehr wenig und sauern Wein.

1570 war ein kaltes, regnerisches Jahr, die Reben hatten eine schlechte Blüthe und es wuchs wenig und ein saurer Wein, von dem die Maß 7 Pfennige kostete. Die Maaß alten Weines galt 14 Pfennige, das Fuder stieg bis auf 80 Gulden.

1571 folgte auf einen starken Schneefall am 21. Januar starke Kälte; was damals von Reben verschont blieb, erfror am Matthiastage; auch die Sommerwitterung war den Reben nicht günstig und es gab wieder wenig und sauern Wein.

1572 nahm die Kälte, welche mit starkem Schneefall schon um die Mitte des Dezembers 1571 begonnen hatte, immer mehr zu, am 24. und 26. Februar erfroren die nicht bezogenen und, nachdem um die Mitte des Märzes die Kälte etwas nachgelassen hatte, am 17. April auch die bezogenen Reben. Im Mai aber trat anhaltende Wärme ein, viele Reben erholten sich wieder und es gab zwar wenig, aber sehr guten Wein.

1573 war ein ganz schlechtes Weinjahr. Die Winterkälte und häufige Reifen im Frühling, die schlechte Traubenblüthe, der nasse Sommer und Herbst wirkten höchst nachtheilig auf die Reben ein, „die Trauben hingen da, als wenn sie gebraten wären, und es gab beinahe gar keinen Weinmost, sondern fast nur Kämme, Troß und Tröster, die man mit Schöpfkübeln und Kannen aus den Leitfässern in die Butten brachte und hier mit Rechen und Mistgabeln herauszog". Der Wein, ebenfalls Wiedertäufer genannt, wurde sauer wie Essig.

1574 war ein nasses und kaltes Jahr, in welchem wenig und saurer Wein wuchs; der Eimer Wein von 1572 kostete 16 Gulden 40 Kreuzer.

1575 dauerte der Winter bis in den März, in dem

sehr warmen Sommer aber gediehen die Reben aufs Beste, nur um Michaelis schadete ihnen ein Reifen; es wuchs viel und sehr guter Wein. Bei Stuttgart wurde ein Theil des Weinertrags am 25. Junius durch Hagel vernichtet. Im Herbst galt die Maaß Wein 7 bis 8 Pfennige.

1576 trat am 18. April, als die Reben schon ziemliche Fortschritte gemacht hatten, Kälte ein, und am Morgen des 20. April erfroren die Reben im niedern und hohen Feld, nur in den höchsten Lagen blieben sie grün. Es wuchs daher wenig Wein, er wurde aber bei der günstigen Sommerwitterung sehr gut. Das Fuder davon kostete im Herbst 80 und bald nachher 110 Gulden.

1577 war ein kaltes und nasses Jahr, am 4. April erfroren sehr viele Reben; die übriggebliebenen hatten eine schlechte Blüthe wegen des vielen Regens, daher gab es nur wenig und sauern Wein.

1578 war der Sommer heiß und trocken; am 16. September trat bei einer Mondsfinsterniß ein heftiger Frost ein und die noch nicht reifen Trauben erfroren, die übrigen aber lieferten ziemlich viel und sehr guten Wein.

1579 schadeten den Reben Reifen am 16. und 17. April; im Mai war die Witterung unbeständig, doch mehrentheils feucht, im August und September regnete es viel, so daß die Trauben nicht reiften. Die Weinlese begann erst am 22. Oktober und mit ihr trat eine solche Kälte ein, daß man vor Mittag nicht lesen konnte. Es gab zwar vielen Wein, er wurde aber sauer.

1580 war der Winter sehr kalt, während der Rebenblüthe fiel Regenwetter ein, auch die Sommerwitterung war nicht günstig, daher bekam man nur wenig und sauern Wein.

1581 folgte auf einen warmen Winter ein kalter Frühling, am 30. Mai noch beschädigte ein Reifen die Reben. Der Sommer war sehr naß; am 30. Julius richtete ein Hagelwetter bei Stuttgart und Tübingen großen Schaden an, es gab wenig und sauern Wein.

1582 beschädigte zu Ende des Mai's ein Reifen die Reben im niedern Feld und der sehr regnerische Sommer war ihrem Gedeihen nachtheilig; man erhielt zwar viel, aber sauren Wein.

1583 und 1584 waren zwei ausgezeichnete Jahre, in welchen sehr viel und guter Wein wuchs. Schon 1583 mußte man wegen Faßmangels den Wein zum Theil in Butten und Zubern aufbewahren; 1584 wurde dieser Mangel noch größer, man konnte kaum noch Fässer bekommen und diese kosteten dem Eimer nach 3 Gulden mehr als der Eimer Wein. In Waiblingen galt die Maaß 1584 einen Pfennig, und wer im Wirthshaus eine solche holte, bekam noch einen rothen Nestel dazu.

1585 gediehen die Reben zwar bei günstiger Frühlingswitterung sehr wohl, mit Johannis aber kam anhaltendes Regenwetter, welches die Traubenblüthe ganz verderbte; es gab wenig und schlechten Wein.

1586 war der Winter kalt und schneereich, am 3. und 4. April erfroren die Reben; der Mai war trocken, der Junius wie der Julius regnerisch, und es gab daher eine schlechte Traubenblüthe, wenig und sauern Wein. Der Eimer Wein von 1584 kostete 25 Gulden. Bei Stuttgart verheerte am 19. August der Hagel einen Theil der Weingärten.

1587 dauerte die Kälte, welche mit starkem Schneefall schon um Martini 1586 begonnen hatte, bis zum Ende des Märzes fort; der Frühling war rauh, der Sommer regnerisch, während der Blüthe fielen die Trauben häufig ab, man erhielt daher wenig und sauern Wein. Der Eimer alten Weins stieg auf 33 Gulden.

1588 verderbte, nachdem schon um Weihnachten die nichtbezogenen Reben erfroren waren, am 3. Mai ein Reifen das niedere Feld vollends ganz. Der Sommer war feucht und man bekam nur wenig und mittelmäßigen Wein, von dem die Maaß zwei Batzen kostete.

1589 litten die Reben am 24. April und 30. Mai sehr durch Reifen, hatten auch wegen des regnerischen Sommers eine schlechte Blüthe; nach einem Regen am 24. September trat starke Kälte ein und am 30. dieses Monats erfroren die Trauben, es gab daher wieder wenig und sauren Wein und der Eimer alten Weins kostete 36 Gulden.

1590 erfroren im Winter die unbezogenen und um

Georgii auch die bezogenen Reben; während des sehr heißen und trockenen Sommers aber erholten sie sich wieder und trieben viele Beiaugen, es gab zwar wenig, aber einen überaus guten Wein, der dem von 1540 gleich kam. Am 14. September begann die Weinlese und am 29. dieses Monats waren schon alle Keltern geschlossen. Die Fugger in Augsburg kauften vom Spital in Schorndorf 5 Fuder dieses Weins, das Fuder um 254 Gulden.

1591 war der nasse Sommer dem Gedeihen der Reben sehr nachtheilig, es gab wenig und sauern Wein.

1592 erfroren die Reben am 7. Mai; während der regnerischen Blüthezeit fielen eine Menge Trauben ab, man bekam nur wenig und mittelmäßigen Wein.

1593 war es um Lichtmeß so warm, daß man in den Weingärten zu hacken anfing; nach Fastnacht aber begann es wieder zu schneien und die hierauf folgende Kälte beschädigte die Reben sehr, es gab daher wenig, aber bei der günstigen Sommerwitterung guten Wein.

1594 war ein nasses und kaltes Jahr, bei einem starken Reifen am 12. Mai erfror ein großer Theil der Reben und da kurz vor der Weinlese wieder starke Kälte eintrat, wurden die Trauben nicht zeitig; man bekam daher wenig und sauern Wein.

1595 war das Frühjahr kalt und um Georgii fand man an den Reben noch kein geschwollenes Auge; auch der Sommer war kühl, erst zu Ende desselben wurde es etwas wärmer, am 23. September aber trat schon wieder Kälte ein; es wuchs zwar ziemlich viel, aber saurer Wein.

1596 war der Frühling warm, mit dem Beginn der Traubenblüthe trat zwar zweimonatliches Regenwetter ein, doch fielen die Trauben nicht ab, sondern ihre Beeren blieben nur klein; der Julius und August waren heiß und trocken, im September aber kamen warme Regen, die Beeren liefen auf und es gab ziemlich viel und sehr guten Wein, welchen man den Beerleinswein nannte.

1597 war der Frühling rauh, der Sommer naß und kalt; am 12. Julius richtete ein Hagelwetter um Stuttgart und im Neckarthal großen Schaden an, darauf folgte wieder nasse Witterung, die Trauben litten auch durch viele Kaiwürmer, und faulten während des nassen Augusts und Septembers häufig, ehe sie zeitig wurden. Man bekam daher nur wenig und sehr sauern Wein.

1598 dauerte die Kälte, welche schon um Martini 1597 begonnen hatte, lange fort, am Bartholomäustag richtete ein Hagelwetter großen Schaden an, dann regnete es längere Zeit und die Trauben faulten. Erst 14 Tage vor der Weinlese trat warme Witterung ein, jetzt aber dorrten sie und wurden schimmlicht, so daß, wenn ein Butten voll in den Tretzuber geschüttet wurde, man den Treter vor Staub nicht sehen konnte und der Most ganz zäh vom Biet herunterlief. Der wenige Wein, den man gewann, war schlecht.

1599 schadete den Reben am 16. April ein Reifen und in der Gegend von Stuttgart litten sie zweimal (den 24. Mai und 10. August) durch Hagel; sonst aber war im Frühling und Sommer die Witterung ihnen sehr günstig, sie hatten um Pfingsten schon verblüht; es gab viel und ausgezeichnet guten Wein, den man ebenfalls lange aufbewahrte *). Nach der Weinlese trat eine solche Dürre ein, daß das Beziehen der Reben sehr mühsam und schwierig war. Nur Wenige unterzogen sich daher diesem Geschäft, wurden aber auch für ihre Mühe belohnt, denn bei der noch vor Ende des Jahrs eintretenden strengen Kälte erfroren die meisten unbezogenen Reben.

1600 war der Frühling rauh, vom 11. bis 14. Mai herrschte große Kälte mit Eis, Schnee und Regen, welche den Reben bedeutenden Schaden zufügte; der September war kalt und stürmisch, die Trauben gelangten nicht zur völligen Reife, man erhielt wenig und sauern Wein.

1601 war der März naß und schneereich, der April und der Mai waren zwar trocken, alle drei Frühlingsmonate aber rauh; am 16., 17. und 18. April beschädigte ein starker Frost die Reben und am 26. Mai ein Hagel; während der Traubenblüthe regnete es viel und man bekam nur wenig und sauern Wein.

---

*) Martin Crusius berichtet in seinem handschriftlichen Tagebuch, wegen des starken Weins gab es im Herbst 1599 viele Todschläge.

1602 war der Frühling Anfangs mild und die Reben machten gute Fortschritte, im April aber kamen schädliche Reifen, besonders am 23. dieses Monats, wo der Probst Magirus zu Tübingen in seiner Predigt sagte: Wir haben heute Sankt Georgentag, da, leider Gott erbarms! der Ritter Sankt Georg auf einem weißen Roß mit solchem Ungestüm eingefallen ist, daß der Türk, wenn er mit etlich tausend Pferden in der Christenheit eingefallen wäre, in so kurzer Zeit einen solchen Schaden nicht hätte thun können. Am 16. und 17. Mai zerstörten dann die Reifen und sehr kalte Winde die Reben vollends in einem großen Bezirke, in ganz Schwaben (mit Ausnahme der Gegend um Lindau) und bis nach Franken hinein, so daß die Weinlese nur einen sehr geringen Ertrag und sehr sauern Wein lieferte. Zu Stuttgart, wo keine Kelter gieng und man den Zehenten dießmal in Trauben reichte, hatten Leute, die zwölf und mehr Morgen Weingärten besaßen, nicht mehr als fünf Butten voll zu geben und das Kloster Zwiefalten erhielt von seinen stattlichen Weingärten nur vier Imi Zehentwein.

1603 herrschte im Frühling anhaltende Kälte, der März brachte starke Nebel und der April kalte Nächte, noch am 4. Mai trat ein so starker Frost ein, daß man das niedere Feld ganz, das mittlere zur Hälfte für verloren gab, hierauf aber kam so günstige Witterung, „daß das niedere Feld seinen Bauerlohn, das mittlere einen halben, das hohe einen doppelten Herbst gab und der Wein auch gut wurde.

1604 war der Winter streng und von langer Dauer, erst an Georgii fingen die Reben an zu treiben; etliche Reifen schadeten ihnen, der Wechsel von Regen und Sonnenschein während der Blüthe bewirkte das Abfallen des Laubs, und da hiedurch „die Trauben ihren Schirm verloren, machte man sich eine schlechte Hoffnung auf die Weinlese". Nach Johannis jedoch kam günstige Witterung mit warmen Regen und es gab noch einen vollen Herbst, der Wein jedoch wurde sauer und der Doppelvterer genannt.

1605 fielen im Januar und Februar starke Regengüsse, im April gab es scharfen Frost, im Mai häufig Gewitter, auch einige Mal Hagel, der heiße, trockene Sommer jedoch bewirkte, daß die Reben gute Fortschritte machten; die Weinlese begann vor dem 14. September und man bekam viel und guten Wein.

1606 dauerte der starke Schneefall, der schon zu Ende des Jahrs 1605 begonnen hatte, bis Lichtmeß fort, wo Thauwetter eintrat. Der Mai war stürmisch, um Johannis fiel während der Rebenblüthe Regenwetter ein, am 10. August schon gab es den ersten Reifen und um die Mitte des Septembers kam so bedeutende Kälte, daß die Trauben im niedern Feld ganz erfroren, „roth und eingehuzelt wurden". Während der Weinlese im Oktober trat ein schneller, schädlicher Temperaturwechsel ein, Morgens war es empfindlich kalt, Nachmittags warm, das Laub fiel schnell ab und die Trauben hatten keinen Schutz mehr. Man schnitt daher nur die besten von ihnen ab, bekam aber vom Morgen kaum zwei bis drei Butten voll. Die übrigen Trauben ließ man stehen, arme Leute lasen sie ab, und dieser später gelesene Wein war zwar Anfangs auch sauer, besserte sich aber nachher, „indem das Gefrieren die Säure aus den Trauben herauszog", und wurde dem Eimer nach später um 15 Gulden verkauft.

1607 folgte auf einen gelinden schneearmen Winter ein warmer Frühling, nur um Georgii litten die Reben im niedern Feld durch einen Reifen, der Sommer war Anfangs naß und gewitterreich, während der Blüthe fiel eine Menge Trauben ab, und bei der darauf folgenden bedeutenden Wärme erschienen viel Würmer in den Trauben, welche stark faulten und hernach ausdorrten, so daß an manchen kaum noch etlich frische Beeren zu finden waren; wenn man aber die dürren Beeren abbrockelte, erhielt man zwar sehr wenig, aber guten Wein.

1608 dauerte die schon im December 1607 eingetretene heftige Kälte im Januar und Februar fort und der größere Theil der Reben erfror; die Weinstöcke, welche man damals noch vor vielen Häusern in Stuttgart traf und von denen manche einen beträchtlichen Umfang hatten, giengen beinahe alle zu Grund. Es kam nun zwar ein heißer Sommer, die Reben aber erholten sich nicht mehr recht und litten in der Gegend um Eßlingen, Cannstatt und Stuttgart am 28. August auch noch durch einen starken Hagel. Es gab nur wenig und sauren Wein.

1609 war es im Januar und Februar sehr warm, im März aber kam eine anhaltende Kälte und die Reifen zu Ende des Aprils wurden den Reben sehr verderblich. Am 30. Julius richtete der Hagel in einem bedeutenden Theil Württembergs großen Schaden an, am 19. und 20. September trat starke Kälte ein, welche das Laub sehr versengte und auch den Trauben schadete; sehr viele erfroren und wurden ganz roth, andere aber, welche ihre natürliche Farbe behielten, breiweich. Am 8. Oktober begann die Weinlese, da es aber jeden Morgen Eis gab, der Most in den Geschirren und auf dem Biet gefror, konnte man nur während der etwas wärmeren Tageszeit lesen und erhielt wenig und sauern Wein.

1610 waren der Januar und Februar reich an Regen, der März und April kalt, im Mai gab es mehrere Hagelwetter, dabei aber war es sehr warm, noch im nämlichen Monat verblühten die Trauben und machten im heißen Sommer solche Fortschritte, daß man schon am 22. September mit der Weinlese beginnen konnte, welche viel und sehr guten Wein lieferte.

1611 folgte auf einen schneearmen Winter ein warmer, regnerischer Frühling, dann trat trockene Witterung ein, während der Traubenblüthe gab es einige kühle und rauhe Tage, doch war sie schon 14 Tage vor Johannis zu Ende. Am 25. und 26. Julius aber folgte 36 Stunden lang ein Gewitter auf das andere, strichweise von verderblichem Hagel begleitet. Diese Gewitter richteten in Schwaben und Baiern großen Schaden an; mehr noch aber litten die Reben durch darauf einfallende Kälte und durch einen Reifen kurz vor Michaelis, welcher das Abfallen des Laubs bewirkte und dadurch die vollkommene Zeitigung der Trauben hinderte. Es gab daher zwar ziemlich viel, aber einen sauern Wein. Gegen das Ende des Jahrs trat heftige Kälte ein und an Weihnachten erfroren die unbezogenen Reben.

1612 dauerte die Kälte fort und wurde durch einen starken Schneefall am 24. Februar noch vermehrt. Bei eintretender wärmerer Witterung gieng der Schnee langsam ab, am 16. Mai brach in und um Stuttgart ein Hagelwetter aus und die Schloßen bedeckten an manchen Orten den Boden

Fuß hoch, das stromweis herabstürzende Wasser verheerte die Weingärten schrecklich, zerstörte ihre Mauern und riß viele Reben aus. Was noch übrig blieb, vernichtete ein zweites Hagelwetter am 7. Julius. Der August brachte große Hitze, der Herbst aber war naß. Es gab wenig, jedoch guten Wein.

1613 war der Winter warm, der Frühling trocken, am 29. Mai brach ein schweres Gewitter mit Hagel und starkem Platzregen aus, welches sich von Tübingen und Kirchheim über das Remsthal bis nach Rudersberg erstreckte und großen Schaden anrichtete. Auf heftige Stürme folgte dann im Julius und August günstige Witterung; es gab ziemlich viel aber sauern Wein. An Martini fieng es an zu schneien und im December erfroren bei starker Kälte die nicht bezogenen Reben.

1614 dauerte das Schneien mit der Kälte bis zum 25. März fort, der Schnee lag an manchen Orten drei Fuß tief und wurde ganz hart; dadurch litten die Reben sehr und da auch der September und Oktober naß und kalt waren, gab es wenig und sauern Wein.

1615 war es um Ostern schon sehr warm, die Reben machten schnelle Fortschritte, am 15. und 18. April und vom 1. bis 6. Mai aber gab es Reifen, die Reben im mittlern und niedern Feld erfroren. Hierauf aber folgte ein trockener und heißer Sommer, die Rebenblüthe begann am 8. Junius, die Weinlese am 22. September, es gab zwar wenig, aber sehr guten Wein.

1616 herrschte im Januar und Februar große Kälte mit scharfen Winden, so daß die unbezogenen Reben erfroren, auch ein Reifen am 1. Mai beschädigte sie stark. Hierauf aber kam anhaltende Hitze und Trockenheit, so daß Brunnen und Bäche versiegten und viele Trauben verdorrten. Am 15. August jedoch gab es „eine gute Durchfeuchte," am 4. September begann man bei sehr warmer Witterung zu lesen, war in wenig Tagen damit fertig und erhielt zwar wenig, aber einen sehr guten Wein.

1617 war die Witterung bis in den Mai für die Reben sehr gedeihlich, als dieselben aber zu blühen anfingen, wirkte der Wechsel von Regen und Sonnenschein nachtheilig auf sie und erst nach vier Wochen hatten sie abgeblüht. Am 1. Oktober gab es einen Reifen, am 8. Oktober fing die Weinlese im niebern, am 18. im hohen Feld an und dauerte bis zu Ende des Monats. Denn es wuchs so viel Wein, daß man nicht Fässer genug dazu hatte, er wurde aber auch so sauer, daß man ihn erst nach drei Jahren genießen konnte.

1618 litten die Reben im Winter etwas durch Frost und in der Gegend um Stuttgart richtete am 10. Julius Nachts zwischen 9 und 10 Uhr ein Hagelwetter Schaden an, doch durfte man sich auf eine gute Weinlese Hoffnung machen, aber „in die Trauben kam ein Unkraut, daß sie gar heftig gesiect und eingeschnorrt, wodurch dem Wein, wenn man die kranken Beeren beim Lesen nicht abbrockte, ein unangenehmes Gefährtlein angehängt wurde". Der Weinertrag war an Qualität und Quantität mittelmäßig. Am 25. November erfroren die unbezogenen Reben.

1619 schadeten den Reben Reifen am 20. April und 5. Mai und am 8. August Nachts litten sie noch mehr durch ein heftiges Hagelwetter, es gab daher nur wenig, aber guten Wein.

1620 war der Frühling dem Gedeihen der Reben günstig, mit dem 1. Junius aber begann anhaltendes Regenwetter, hierauf folgten heftige Sturmwinde und am 19. und 23. Julius verderbliche Hagelwetter mit Wolkenbrüchen, welche besonders im Neckar- und Remsthal großen Schaden anrichteten; der August war heiß und trocken, es wuchs zwar wenig, aber guter Wein.

1621 folgte auf einen starken Schneefall am 1. Februar eine heftige Kälte, am 4. dieses Monats erfroren die Reben, am 29. Mai wurde die Gegend um Stuttgart und Waiblingen von einem schädlichen Hagelwetter heimgesucht. Es gab wenig und sauern Wein.

1622 erfroren an Lichtmeß die Reben, litten auch durch Regen während der Blüthe und man bekam einen in Rücksicht auf Quantität und Qualität nur mittelmäßigen Wein. Die Ursache aber, warum dieser dennoch zu so hohen Preisen verkauft wurde, war, daß damals in der berüchtigten Kipper- und Wipper-Zeit so ganz schlechtes Geld geprägt wurde, welches man daher auch schon im Jahre 1623 auf ein Fünftel und Sechstel seines Nennwerths herabsetzte.

1623 schadeten den Reben die häufigen Hagelwetter im Mai, durch welche bei Stuttgart 1100 Morgen Weingärten übel zugerichtet wurden, und im Junius während der Blüthe das anhaltende Regenwetter. Es wuchs nur wenig und saurer Wein.

1624 am 9. Januar erfroren die unbezogenen Reben im niedern Feld, am 28. und 30. Junius brachen in der Gegend um Stuttgart so verderbliche Hagelwetter aus, daß 900 Morgen Weingärten nicht mehr als 3 Eimer Wein gaben; am 3., 15 und 13. Julius wurde auch Untertürkheim mit der Umgegend vom Hagel schwer heimgesucht. Im August herrschte große Hitze und wo der Hagel nicht geschadet hatte, gab es ziemlich viel und guten Wein. Zu Ravensburg war die Weinlese an Michaelis schon beendigt.

1625 gab es am 5. Januar ein Gewitter mit Regen und Schnee, hierauf kam warme und regnerische Witterung, im Februar wurde es wieder kalt, der Mai und Junius waren naß, der Julius heiß. Die Reben hatten eine böse Blüthe, in den Trauben fanden sich viel Kaiwürmer und im September schadeten ihnen Reifen. Der Wein wurde daher der Quantität und Qualität nach nur mittelmäßig.

1626 war die Witterung mild, erst am 16. Mai trat Kälte mit starken Reifen ein, so daß viele Reben erfroren, diejenigen, welche man wegschnitt, bekamen wieder Holz, die aber, welche man stehen ließ, blieben ganz unfruchtbar. Im Sommer kam Regenwetter, das vom 8. Junius bis zum 10. August dauerte, der Herbst aber war trocken und warm, man bekam wenig, aber ziemlich guten Wein.

1627 war der Winter schneereich, erst im März ging der Schnee ab, im Mai erfroren die Reben im niedern Feld, während des Sommers richteten Sturm und Hagelwetter großen Schaden an, vom Lorenztag bis Martini herrschte anhaltendes Regenwetter. Es gab nur wenig und sauern Wein, von welchem der Eimer dennoch 23, der alte Wein 50 Gulden kostete.

1628 war die Witterung Anfangs warm, im März aber kam starke Kälte, und den ganzen Sommer hindurch herrschte unfreundliche Witterung, die Reben hatten eine schlimme Blüthe und im September erfroren sie mit den Trauben, welche man an vielen Orten zerstampfte, woher der Wein den Namen Stösselwein erhielt. Er war so sauer, wie seit vielen Jahren nicht mehr, und dennoch kostete, weil es wenig gab, der Eimer 17 bis 24, der vom vorigen Jahr 30 bis 40, der ältere Wein 105 bis 115 Gulden. In Ravensburg bekam man kaum ein Fuder Wein, die Maaß kostete 20 Kreuzer.

1629 war die Witterung von Anbeginn den Reben günstig, nur zu Ende des Januars litten sie etwas durch Kälte, vierzehn Tage vor Johannis hatten sie verblüht, am 17. Julius fand man schon weiche Trauben und am 14. September begann die Weinlese, welche viel und guten Wein lieferte. Nur in Waiblingen, Schmiden, Stetten und Reutlingen wurde ein großer Theil des Herbstertrags im Julius durch Hagel vernichtet.

1630 trat schon frühzeitig warme Witterung ein, die Reben hatten eine gute Blüthe und man bekam viel und sehr guten Wein. Es wurde eine Münze geprägt mit der Inschrift: „In diesem Jahr von Most sehr gut, all Kelter überlaufen thut." Am 24. Dezember erfroren die unbezogenen Reben, gleich darauf aber trat wieder gelinde Witterung ein.

1631 dauerte die gelinde Witterung fort, am 28. Januar trat Thauwetter ein, der Frühling war warm, am 21. Mai begann die Traubenblüthe und die Reben machten starke Fortschritte. Am 21. Julius aber brach ein Hagelwetter aus, welches sich von Herrenberg an über Vaihingen auf den Fildern, Degerloch, Stuttgart, Wangen, Untertürkheim, Fellbach und von hier bis über Nördlingen erstreckte und großen Schaden anrichtete; am 23. August zernichtete dann auch in Ravensburg ein Hagelwetter den größten Theil der Reben. In den vom Hagel nicht beschädigten Gegenden aber lieferte die Weinlese, welche vor Michaelis begann, einen Ertrag, welcher an Quantität und Qualität den der beiden vorhergegangenen Jahrgänge noch übertraf. Aus Mangel an Fässern mußte man vielen Wein in Zubern und Butten aufbewahren, die Maaß kostete einen bis vier Kreuzer.

1632 folgte auf eine nur wenige Tage dauernde Kälte milde Witterung mit wenig Schnee, am 18. März gab es ein Gewitter, von 13. bis 19. April jedoch fiel wieder starke Kälte ein, bald aber wurde es wieder warm, erst mit dem Ende des Mais trat Regenwetter ein, welches den Junius hindurch fortdauerte und der Traubenblüthe sehr nachtheilig war. Der Julius und August waren warm und trocken, am 4. Julius aber richtete ein Hagelwetter im Zabergau und in der Gegend von Heilbronn großen Schaden an. Der September war Anfangs regnerisch, dann aber trocken mit Frost, im Oktober nahm die Kälte zu und es gab wenig und sauern Wein. Der Eimer alter Wein kostete 18 bis 25 Gulden.

1633 war der Frühling warm, am 17. Mai schadete ein Reifen den Reben sehr, häufige Hagelwetter im Sommer richteten viele zu Grunde und im Herbst kam frühzeitig starke Kälte, so daß sehr wenig und saurer Wein wuchs.

1634 fiel schon im Februar Thauwetter ein und hierauf folgte anhaltende Wärme, so daß am 18. April die Traubenblüthe begann. Die günstige Witterung dauerte auch, nur im Junius durch wenige Regentage unterbrochen, fort, bis in den Herbst, und es gab viel und guten Wein. Allein die Weinlese wurde durch die feindlichen Kriegsschaaren, welche nach der Nördlinger Schlacht in Württemberg einfielen und Alles mit Raub und Mord erfüllten, sehr gestört und viele Trauben verdarben an den Stöcken.

1635 erfroren die Trauben an Lichtmeß, der Frühling war frostig und winterlich und das Regenwetter während der Blüthe bewirkte, daß eine Menge Trauben abfiel, man bekam daher wenig und sauern Wein. Zu Tübingen, wo am 30. Junius der Hagel große Verheerungen anrichtete, zu Marbach und Gröningen ging gar keine Kelter.

1636 war die Witterung den größten Theil des Jahres hindurch den Reben günstig, schon am 15. Mai begann die Traubenblüthe und man hätte einen reichlichen Weinertrag bekommen, wären nicht wegen des Mangels an Arbeitern und der großen Unsicherheit viele Weingärten ungebaut geblieben. Doch gab es immerhin noch ziemlich viel und guten Wein.

1637 trat frühzeitig Wärme ein, die Reben hatten eine gute Blüthe und bei fortdauernd günstiger Witterung wuchs eine Menge Trauben, selbst in den ungebauten Weingärten; bei der beständigen Unsicherheit aber verzögerte sich die Weinlese bis Martini, der Wein vergohr an den Stöcken und blieb bis Ostern 1638 süß. Auch der Weinverkauf wurde sehr gestört, obwohl der Eimer nur 4 bis 5, in Ravensburg sogar nur einen Gulden kostete, und der Wein gut war. Im Zabergau und anderswo trugen die Bauern ihn in kleinen Fäßlein in die Städte und verkauften da die Maaß um einen Kreuzer.

1638 erfror ein Theil der Reben ums Neujahr und durch einen Reisen am 6. Mai, sie litten auch durch Regen in der Blüthezeit, es gab daher wenig, bei fortdauernder günstiger Witterung jedoch guten Wein.

1639 war das anhaltende Regenwetter den Reben sehr ungünstig und sie hatten eine schlimme Blüthe, mit dem Oktober trat starke Kälte ein, das Laub fiel ab und man begann daher mit der Weinlese am 4. dieses Monats und bekam einen sauern, jedoch ziemlich viel Wein. Zu Besigheim, wo der Weinertrag sehr gering war, ging gar keine Kelter.

1640 war die Witterung bis Lichtmeß warm, dann aber kam auf einen starken Schneefall heftige Kälte mit scharfen Winden, wodurch die Reben Schaden litten. Nach Georgii war es anhaltend trocken, an Michaelis trat aber ein Frost ein, wegen dessen man die Weinlese beschleunigte und ziemlich viel aber sauern Wein bekam. Um Martini war der Boden schon so hart gefroren, daß man die Reben nicht beziehen konnte, Viele bedeckten sie mit Mist.

1641 war der Frühling naß und kalt, im März gefror es noch alle Morgen, am 4. Mai litten die Reben durch einen Reisen, hierauf kam zwar bedeutende Wärme und am 28. Mai begann die Traubenblüthe, mit Johannis aber trat kaltes Regenwetter ein, die Trauben fielen häufig ab, die übrigen wurden nach einem Reisen im September „welk und runzlicht", es gab nur wenig und sauern Wein.

1642 erfroren am 18. April die Reben, vom 8. Junius an regnete es vier Wochen lang beinahe beständig, dann aber kam warme und trockene Witterung, und am 13. August fand man beinahe überall schon reife Trauben, es wuchs wenig und guter Wein.

1643 war der Winter gelind und regnerisch, am 25. Januar gab es ein heftiges Gewitter, es kam rauhe Frühlingswitterung und die Reben wurden am 6. und 7. Mai sehr durch Reifen beschädigt, während des warmen Sommers erholten sie sich zwar wieder ein wenig, die im Herbst bald eintretende Kälte aber bewirkte, daß man am 4. Oktober mit der Weinlese beginnen mußte, welche nur wenig und mittelmäßigen Wein lieferte.

1644 war der Winter kalt und von langer Dauer, auch sehr schneereich, im März erst kam gelindere Witterung, vom 23. April bis 1. Mai aber trat wieder eine so kalte Witterung ein, daß die Reben im hohen und niedern Feld erfroren. Während des trockenen und sehr heißen Sommers jedoch erholten sie sich wieder und trieben neue Schößlinge, so daß man zwar nicht viel, aber einen sehr guten Wein erhielt.

1645 war ein durch seine günstige Witterung sehr ausgezeichnetes Jahr, schon am 28. Mai begann die Traubenblüthe und es wuchs sehr viel und sehr guter Wein.

1646 herrschte zu Anfang des Jahres starke Kälte, am 24. Januar erfroren die Reben im niedern Feld so sehr, daß man sie vom Boden wegschneiden mußte, am 25. April kam noch ein schädlicher Reifen, mit dem Mai aber trat anhaltend trockene und warme Witterung ein, es gab zwar wenig, aber guten Wein.

1647 zeichnete sich ebenfalls wieder durch seine bis in den Herbst dauernde günstige Witterung aus und lieferte viel und guten Wein.

1648 war der Frühling dem Gedeihen der Reben sehr günstig, am 10. Mai aber brach ein schreckliches Hagelwetter mit Wolkenbruch ähnlichem Regen aus, welches um Stuttgart, Cannstatt, Gaisburg, Untertürkheim, Wangen und Hebelfingen Alles verheerte; am 25. Mai suchte ein Hagelwetter auch die Gegend um Ulm und zu Anfang des Julius den Landstrich zwischen Nürtingen und Waldenbuch heim. Während der Traubenblüthe regnete es sehr viel und gegen den Herbst fingen die Trauben an zu faulen; es gab daher wenig und sauern Wein, in Besigheim erhielt man nur 9 $\frac{1}{2}$ Imi Zehent-Wein.

1649 war die Witterung kalt und naß bis in den Junius,

am 11. und 12. dieses Monats gab es dann schädliche Hagelwetter, ebenso am 26. und 27. August, wo sie besonders das Remsthal arg verheerten, im Herbst wurde durch mehrere auf einanderfolgende Reifen „das Rebwerk erschreckt und an der Zeitigung gehindert". Es wuchs nur wenig und saurer Wein.

1650 war der Januar so warm, daß die Weingärtner zu hacken und aufzuziehen anfingen, mit dem 19. Februar wurde es wieder kälter und am 17. Mai erfroren die Reben im niedern Feld, bei Kirchheim aber ganz. Noch größeren Schaden richteten Hagelwetter an, am 19. Mai und 4. Junius in der Gegend von Stuttgart, Stammheim und Kornwestheim, am 4. Julius zu Marbach und im Remsthal, wo in Waiblingen keine Kelter ging. Daher bekam man auch wenig, aber ziemlich guten Wein.

1651 fiel im Eingang des Jahres tiefer Schnee, welchen aber schon am 6. Januar ein heftiges Gewitter mit Wolkenbruch, der zu Tübingen, Wangen, Cannstatt und Stuttgart schädliche Ueberschwemmungen bewirkte, wieder fortnahm. Es gab einen späten Frühling und am 14., 15. und 16. April litten die Reben durch Reifen großen Schaden. Die Sommerwitterung aber war ihrem Gedeihen günstig, und es gab noch ziemlich viel, jedoch mittelmäßigen Wein.

1652 war der Frühling warm, im Mai gab es beinahe täglich Gewitter mit Platzregen, um Pfingsten schon blühende Trauben und acht Tage vor Johannis waren sie alle verblüht. Der Sommer war sehr heiß und gewitterreich, im September begannen die Trauben zu faulen, „sonderlich wo ein Weingarten feist und im guten Bau gewesen". Man bekam jedoch viel und guten Wein.

1653 war die Witterung von Anbeginn günstig, nur zu Ende des Aprils einige Wochen lang regnerisch, man fand daher schon um Pfingsten sehr viel blühende, um Bartholomäi reife Trauben. Da im September wieder Regenwetter einfiel und die Trauben zu faulen begannen, fing man Ende des Monats zu lesen an und erhielt viel und guten Wein.

1654 fing es nach einem gelinden Winter am 19. März wieder zu schneien an, der April war warm, der Mai bis gegen die Mitte rauh, dann aber so warm, daß man am 22. dieses Monats blühende Trauben fand. Im Julius schadeten kalte Regen den Reben und erst am 22. Julius trat wieder trockene Witterung ein; auch der August brachte kühle Regen und um Bartholomäi gab es noch keine reifen Trauben. Im September aber herrschte fortwährend die günstigste Witterung, so daß die Trauben schnell reiften und die Weinlese viel und sehr guten Wein lieferte.

1655 folgte auf einen milden Winter ein warmer etwas nasser Frühling, am 4. Junius richtete ein Hagelwetter in dem Bezirk zwischen Markgröningen und Heilbronn, am 2. August ein anderes in der Gegend um Bietigheim, Asperg und Markgröningen Schaden an. Sonst aber war die Witterung dem Gedeihen der Reben sehr günstig, acht Tage vor Johannis hatten sie schon abgeblüht, und wenn es auch im August öfters regnete, so brachte doch schon der September wieder Trockenheit und Wärme, und die Weinlese ging beim schönsten Wetter vorüber. Wo der Hagel nicht geschlagen hatte, gab es sehr viel und sehr guten Wein; an einigen Orten konnte man nicht Fässer genug dazu aufbringen.

1656 begann das Jahr mit hartem Frost und scharfen Winden, im Februar regnete es häufig, im März wechselte Regen mit Schnee und die Kälte nahm wieder zu, der April und Mai waren warm, der Junius brachte abwechselnd Regen und Sonnenschein, während der Traubenblüthe gab es häufig Nebel und die Trauben fielen sammt den Stielen ab; der Julius war heiß und trocken, die Witterung des Augusts und Septembers aber dem Zeitigen der Trauben nicht günstig. Die Weinlese lieferte der Quantität und Qualität nach einen mittelmäßigen Ertrag.

1657 folgte auf einen kalten Januar ein warmer Februar, so daß die Reben schnell zu treiben anfingen, desto mehr aber auch durch den zu Ende des März einfallenden starken Frost beschädigt wurden. Die Rebenblüthe litt ebenfalls durch Kälte, und die kühle, regnerische Witterung des Sommers bewirkte, daß die Trauben zu faulen anfingen. Da sie nun durch einen starken Reifen am 21. September „also erschreckt wurden, daß sie ganz roth aussahen", fing man ein paar Tage nachher an zu lesen, und erhielt wenig und einen sauern, rauhen Wein. Dieser besserte sich doch wider Verhoffen so, „daß noch ein feiner Trunk daraus wurde", von dem man die Maaß um 6 Kreuzer ausschenkte.

1658 herrschte im Januar eine Kälte, wie man sie seit Menschengedenken nicht mehr erlebt hatte, so daß die nicht bezogenen Reben im niederen und mittleren Feld ganz erfroren und viele vom Boden weggeschnitten werden mußten. Die Kälte währte bis zum 10. Februar, hierauf aber ging der tiefe Schnee ohne Schaden ab. Mit dem Matthiastag kam von neuem Kälte und bis zum 22. März gefror es jeden Morgen, dann aber kam trockene, warme Witterung, schon am 2. April jedoch Regen. Der Mai brachte Kälte mit Regen und rauhen Winden, so daß die Trauben in Menge abfielen, der Junius und Julius waren unbeständig, der August warm, der September naß, kalt und windig. Am 7. Oktober während anhaltenden Regens begann die Lese und lieferte wenig und sauern Wein. Da das Regenwetter fortdauerte, wurde man mit dem Ausrüsten und Beziehen der Reben kaum noch vor dem Eintritt der Winterkälte fertig.

1659 war der Januar unbeständig und naß, der Februar mild bis zum Matthiasfeiertage, von da an aber wurde es kalt und erst um die Mitte des Märzes wieder milder. Am 12. April beschädigte ein starker Frost die Reben, und hierauf litten sie sehr durch Hagel, am 18. Mai in der Gegend von Cannstatt, am 23. Mai bei Stuttgart, wo die Weingärten gegen Bothnang und Feuerbach hin ganz zerschlagen wurden, am 10. und 14. Junius auf den Fildern. Alsdann aber trat warme Witterung ein, die Trauben blühten schön und so gleich wie seit mehreren Jahren nicht, vor Jakobi fand man an etlichen Orten schon halbgefärbte Trauben und machte sich Hoffnung auf einen guten Weinertrag. Allein der August und noch viel mehr der September waren kalt und regnerisch, die Trauben begannen stark zu faulen und man fing daher am 27. September an zu lesen und erhielt zwar ziemlich viel, aber mittelmäßigen Wein.

1660 war der Winter gelind, der Frühling warm, von Johannis an die Witterung zwar vier Wochen lang kalt und naß, der August und der September aber wieder trocken und warm, und es wuchs daher viel und guter Wein.

1661 erfroren die Reben bei einem heftigen Frost am 1. März, der Sommer war naß und die Trauben bekamen die Sauerfäule, doch gab's noch ziemlich viel aber mittelmäßigen Wein.

1662 folgte auf einen milden Winter ein kalter, regnerischer Frühling, am 26. April und 8. Mai erfroren die Reben, auch die Sommerwitterung war ihnen nicht günstig, und es wuchs daher wenig und saurer Wein. In Tübingen ging keine Kelter.

1663 war der Sommer sehr naß und regnerisch, es gab daher schädliche Ueberschwemmungen, und man bekam nur wenig und sauern Wein.

1664 war die Witterung Anfangs dem Gedeihen der Reben günstig, an Jakobi aber trat Regenwetter ein, am 27. September erfroren die Trauben, es gab wenig und sauern Wein.

1665 dauerte die Winterkälte, welche schon im Dezember 1664 begonnen hatte, bis gegen Ende des Märzes fort und die Reben erfroren im Januar; es gab zwar ziemlich viel, aber mittelmäßigen Wein.

1666 erfroren zwar die Reben am 16. und 17. Mai, erholten sich aber bei anhaltender warmer Sommerwitterung wieder und lieferten viel und guten Wein.

1667 war der Januar sehr kalt, auf etwas mildere Witterung trat dann vom 21. April bis 2. Mai wieder starke Kälte ein, welche bei den Reben großen Schaden anrichtete, es wuchs daher wenig Wein, der aber wegen der anhaltenden Sommerwärme ziemlich gut wurde.

1668 war der Frühling warm, der Sommer heiß und gewitterreich, es gab viel und ziemlich guten Wein. Nach einem Gewitter in der Christnacht trat starke Kälte ein.

1669 dauerte die Kälte im Januar fort und beschädigte die Reben sehr, im April gab es starke Gewitter mit Hagel, im Mai den Reben schädliche Reifen, der Sommer war sehr heiß und trocken, man bekam daher zwar wenig, aber guten Wein. Nach dem Herbst trat Kälte ein, welche den 22. und 23. Dezember am heftigsten war und auch die Reben beschädigte.

1670 erfroren bei fortdauernder starker Kälte im Januar

die Reben noch einmal, im Sommer aber herrschte große Trockenheit und Hitze, so daß sie sich wieder erholen konnten und ziemlich viel guten Wein lieferten.

1671 trat im Junius während der Rebenblüthe kaltes Regenwetter ein und die Trauben fielen in Menge ab, um Johannis schadeten ihnen Gewitter mit starken Regen und Hagel und es gab nur wenig und sauern Wein. Um Martini kam eine heftige Kälte, so daß die Flüsse überfroren.

1672 dauerte die Kälte bis in den Februar fort, und im März, als sie etwas abnahm, fiel ein tiefer Schnee, die Witterung im Frühling und Sommer aber war den Reben sehr günstig und man erhielt viel guten Wein.

1673 war der regnerische Sommer dem Gedeihen der Reben sehr nachtheilig, der Herbst brachte jedoch etwas günstigere Witterung und es gab ziemlich viel, aber mittelmäßigen Wein.

1674 litten die Reben durch die Winterkälte und durch Reifen am 20. und 24. April, im heißen Sommer auch durch Hagel, am 13. und 16. Oktober erfroren die noch nicht reifen Trauben und man bekam nur wenig, jedoch guten Wein.

1675 folgte auf einen milden Winter ein später, kalter Frühling und ein nasser Sommer; im September fiel in Oberschwaben ein starker Schnee, der acht Tage lang liegen blieb, hierauf wurde es kalt und die Trauben reiften nicht, dadurch verspätete sich die Weinlese sehr, und lieferte wenig und sauern Wein. Um Martini erfroren die unbezogenen Reben.

1676 war ein sehr fruchtbares Jahr, in welchem es viel und guten Wein gab.

1677 beschädigte am 13. Mai ein Reifen die Reben, auch war der kühle Sommer ihrem Gedeihen nicht günstig, der Wein wurde daher in Rücksicht auf Quantität und Qualität mittelmäßig.

1678 war der Frühling warm, der Sommer heiß und trocken, es gab daher viel und guten Wein.

1679 schadete die unbeständige Frühlingswitterung den Reben, im Sommer herrschte starke Hitze mit Regenwetter untermischt, man erhielt daher viel Wein, der aber sauer wurde. Um Martini begann es sehr kalt zu werden.

1680 dauerte die Kälte bis Lichtmeß fort, der Frühling und Sommer waren warm, am 3. Junius aber richtete ein Hagelwetter großen Schaden in der Gegend von Laufen an, und noch mehr auf den Fildern und bei Eßlingen, wo in der Blienshalde der Morgen nur ein Imi ertrug. Sonst aber gab es viel und guten Wein. Im Oktober kam große Trockenheit, zu Ende des Novembers fing es an stark zu schneien und wurde im Dezember sehr kalt, so daß die Reben erfroren.

1681 dauerte die Kälte mit starkem Schneefall fort und noch im März gab es täglich Eis, am 16. April aber begann es sehr warm zu werden, während der Rebenblüthe im Mai regnete es beinahe beständig, so daß die Trauben in Menge abfielen, die übriggebliebenen jedoch gediehen bei der Trockenheit und Hitze des Sommers sehr, es gab zwar wenig, aber sehr guten Wein.

1682 war der Sommer sehr regenreich, auch der September und Oktober brachten Regen und schädliche Nebel, Wein gab es zwar viel, er wurde aber sauer.

1683 folgte auf einen kalten Winter, welcher bis gegen das Ende des Märzes dauerte, ein warmer, sehr trockener Sommer, der dem Gedeihen der Reben sehr günstig war, es wuchs viel und guter Wein. Im Oktober aber kam Regenwetter, welches mit kurzen Unterbrechungen bis in's Frühjahr 1684 dauerte.

1684 war der Frühling naß, der Sommer aber heiß und trocken, es wuchs wieder viel und guter Wein. In der Adventzeit trat heftige Kälte mit starkem Schneefall ein.

1685 erfroren am 6. Januar die nicht bezogenen Reben und die Kälte dauerte bis in den März fort, der Sommer war naß und durch einen schnellen Wechsel von Hitze und Kälte dem Gedeihen der Reben nachtheilig, daher wuchs nur wenig und saurer Wein. Am 5. Mai richtete zu Laufen ein Hagelwetter großen Schaden an.

1686 war der Frühling sehr regnerisch, im Sommer aber trat günstige Witterung ein und es gab zwar wenig, aber guten Wein.

1687 gab es einen kalten Winter mit vielem Schnee, welcher erst am 21. April abging, und Ueberschwemmungen verursachte; der Frühling war rauh, der Sommer kühl, es wuchs viel, aber saurer Wein.

1688 dauerte der Winter, theilweise mit starker Kälte, bis in den Mai, dann kam rauhe, stürmische und regnerische Witterung, Hagelwetter richteten am 19. Junius bei Eßlingen und am 5. Julius in der Gegend von Kirchheim großen Schaden an, der Wein wurde in Rücksicht auf Quantität und Qualität mittelmäßig.

1689 folgte auf einen kalten Winter ein ebenso kalter Frühling, im Mai besonders verursachten häufige Reifen eine solche Kälte, daß die Reben erfroren, im Sommer gab es dann verderbliche Hagelwetter mit heftigen Platzregen, welche in einem beträchtlichen Bezirk großen Schaden anrichteten, besonders bei Tübingen, wo im Herbst keine Kelter ging. Es wuchs wenig und mittelmäßiger Wein.

1690 schneite es zu Anfang des Jahres viel, schon zu Ende des Januars aber schmolz der tiefe Schnee, im Frühling gab es einige den Reben schädliche Fröste, im Junius heftige Gewitter mit Platzregen, doch wuchs noch ziemlich viel, aber mittelmäßiger Wein.

1691 war der Winter kalt und von langer Dauer, am 27. April und 16. Mai erfroren die Reben, der Sommer war rauh und regnerisch, am 10. Junius verheerte ein Hagelwetter die Gegend um Kirchheim und es gab nur wenig und mittelmäßigen Wein.

1692 erfroren die Reben im kalten Winter und Frühling, die Trauben hatten wegen des vielen Regens eine schlechte Blüthe, und kamen wegen des nassen Sommers nicht zur gehörigen Reife; als im Herbst schnell Kälte eintrat, mußte man sie unzeitig lesen, und bekam daher nur wenig und schlechten Wein.

1693 war der Frühling kalt, im Mai gab es noch jeden Morgen Eis, an Jakobi einen Reifen, ein großer Theil der Reben erfror, der Morgen gab oft nur 4 bis 8 Butten voll Trauben, der Herbstertrag war daher sehr gering, der Wein aber wurde bei günstiger Witterung im Sommer und Herbst noch ziemlich gut.

1694 folgte auf einen schneereichen, kalten Winter, in welchem die Reben erfroren, ein regnerischer Frühling mit scharfen Winden, der Sommer zwar war heiß, aber der Wein wurde nach Quantität und Qualität nur mittelmäßig. Schon im Oktober trat starke Kälte ein.

1695 dauerte die Kälte bis in den März fort, die Sommerwitterung war, besonders im Julius, sehr unfreundlich, im Herbst trat frühzeitig Kälte ein, so daß man die Trauben lesen mußte, ohne daß sie ganz reif waren, es gab daher nur wenig mittelmäßigen Wein.

1696 war der Winter mild, im März aber trat mit starkem Schneefall eine heftige Kälte ein, welche den größten Theil der Reben verderbte. Der Sommer brachte bedeutende Wärme und es gab daher noch einen ziemlich guten Wein, der Herbstertrag war aber sehr gering, da man vom Morgen oft nur wenige Butten mit Trauben erhielt.

1697 litten die Reben sehr durch die strenge Kälte im Januar und Februar, im März und April wechselten häufig noch Stürme und Frost, die Trauben hatten eine schlechte Blüthe, die Sommerwitterung war unbeständig und man bekam daher wenig und sehr mittelmäßigen Wein.

1698 waren der Winter und Frühling kalt, noch im Mai schneiete es, die Trauben hatten eine schlechte Blüthe, der Sommer und Herbst waren naß, und es gab nur wenig und sauern Wein.

1699 fiel nach einem sehr milden Winter erst um die Frühlings Tag- und Nachtgleiche reichlicher Schnee, die nasse Witterung dauerte bis in den Mai fort, der Junius und Julius waren warm, auf Regenwetter kam im August noch Hitze, im Oktober aber wurde es so kalt, daß man die Weinlese beschleunigen mußte, und wenig, aber ziemlich guten Wein erhielt.

1700 dauerte der Winter ziemlich lang, im Frühling gab es häufig starke Winde und im Sommer Regen, welche im Julius auch Ueberschwemmungen verursachten, dabei aber blieb es immer warm; als es zu Ende des Septembers wieder zu regnen anfing, breilte man sich mit der Weinlese und bekam wenig, aber guten Wein.

1701 dauerte der Winter bis zu Ende des Märzes, der

Mai war etwas stürmisch, der Sommer heiß, die warme Witterung dauerte bis in den Oktober fort, die Weinlese aber begann zu Ende des Septembers und lieferte viel und guten Wein.

1720 war der Winter unbeständig und ebenfalls von langer Dauer, der Sommer regnerisch, kühl und windig, es wuchs viel, aber nur mittelmäßiger Wein.

1703 war der Winter Anfangs regnerisch, erst zu Ende des Januars wurde es kalt, bedeutende Wärme trat mit dem Mai ein, im Julius wurde die Witterung unbeständig und blieb es auch im August, der September war warm, es gab viel und ziemlich guten Wein.

1704 war der Winter meist kalt, doch folgte auf ihn bald warme Frühlingswitterung und die Reben machten, ungeachtet einiger Nachtfroste, gute Fortschritte und gediehen auch in dem theilweise sehr heißen Sommer gut, so daß man schon zu Ende des Septembers mit der Weinlese beginnen konnte, welche wenig aber sehr guten Wein lieferte.

1705 war der Winter streng und noch am 25. und 26. Mai fiel reichlich Schnee, welcher auch den Reben schadete, der Sommer war heiß, der Herbst mild, man bekam wenig und ziemlich guten Wein.

1706 gab es einen ungewöhnlich trockenen, schneearmen Winter, der Frühling war warm und der Sommer heiß, es wuchs daher viel und sehr guter Wein.

1707 dauerte der Winter bis in den April, dann aber kam ebenfalls ein warmer Frühling und ein heißer Sommer, so daß man wieder viel und sehr guten Wein bekam. Der Abt zu Weissenau ließ, um Raum für den neuen Wein zu bekommen, zwölf Fuder älteren Weines unter seine Unterthanen und unter die Armen austheilen.

1708 war der Winter mild und schneearm, im Frühling aber litten die Reben sehr durch kalte Winde, der Sommer war kühl und es gab sehr wenig und mittelmäßigen Wein. In den ersten Tagen des Dezembers fing der Winter an, zu Ende des Jahres aber trat Regenwetter ein.

1709 begann am 6. Januar nach dem Aufhören des Regenwetters sogleich eine unerhörte Kälte, welche bis zum 23. dieses Monats fortdauerte, der Wein gefror in den Kellern, beinahe alle Reben erfroren und mußten vom Boden weggeschnitten werden. Am 25. Januar, 6. Februar, 10. und 14. März fiel Schnee in ungeheurer Menge, dessen Schmelzen nachher Ueberschwemmungen verursachte. Noch um die Mitte des Mais war die Witterung sehr frostig, der Sommer naß und kalt, am 6. und 21. Junius richteten Hagelwetter mit Wolkenbrüchen großen Schaden an, und man bekam sehr wenig und schlechten Wein. Zu Ravensburg machte der ganze Weinertrag nur drei Fuder aus, und zu Metzingen ging keine Kelter.

1710 war der Winter mild, am 30. April und 2. Mai richteten Nachtfröste einigen Schaden an, viel größeren aber das Hagelwetter am 5. Junius. Der Wein wurde nach Quantität und Qualität mittelmäßig.

1711 war die Witterung dem Gedeihen der Reben sehr günstig, zu Stuttgart gab ein Morgen 7, 8, 9, sogar 11 Fahrten, alle Bütten wurden gefüllt, manche sogar zweimal, das Deihen dauerte bis Simonis und Judä. Man bekam viel und ziemlich guten Wein.

1712 beförderte namentlich der heiße, trockene Sommer das Gedeihen der Reben; es wuchs viel und guter Wein.

1713 war im Frühling wie im Sommer die Witterung den Reben sehr ungünstig, im Mai litten sie sehr durch Frost, um Jakobi hatten die Trauben noch nicht ganz abgeblüht, am 8. Oktober erfroren sie vor erlangter Zeitigung und gaben sehr wenig und schlechten Wein.

1714 war der Winter trocken, der Sommer feucht, vom 21. bis 23. Julius verheerten heftige Gewitter mit Hagel die Umgegend von Ravensburg; die Weinlese begann erst um die Mitte des Oktobers und lieferte wenig und schlechten Wein. Vom Morgen bekam man bei Stuttgart oft nur 6 bis 8 Butten, höchstens einen Eimer.

1715 erfroren im schneereichen Winter viel Reben, den übrig gebliebenen war der heiße Sommer sehr günstig, es gab sehr wenig aber guten Wein; in Stuttgart erhielt man vom Morgen nur 4 Imi.

1716 litten die Reben im strengen Winter sehr, gediehen auch im regnerischen Sommer nicht und man bekam nur wenig und mittelmäßigen Wein.

1717 war die Witterung den Reben günstig und es gab ziemlich viel und guten Wein; bei Stuttgart war der Ertrag der Weingärten sehr ungleich, mancher Morgen lieferte 4 Eimer, ein anderer nur 4 Butten.

1718 herrschte in den neun ersten Monaten des Jahrs große Trockenheit, der Januar war mild, nachher kam zwar noch einige Kälte, auf einen warmen Frühling aber folgte ein heißer Sommer; am 24. Julius gab es schon reife Trauben, es wuchs viel und sehr guter Wein.

1719 war der Frühling kalt, der Sommer aber heiß, im August und September besonders herrschte große Hitze, es gab viel und sehr guten Wein, von dem die Maaß zu Stuttgart 6 Kreuzer kostete.

1720 folgte auf einen gelinden Winter im März ein tiefer Schnee, der den ganzen Monat liegen blieb, aber ohne Schaden abging; der Sommer war gewitterreich, am 25. Mai wurde Ravensburg, am 2. Junius Kirchheim und besonders Tübingen durch verderbliche Hagelwetter schwer heimgesucht, im September begannen die Trauben zu faulen. Man bekam ziemlich viel und ziemlich guten Wein.

1721 war die Witterung im Januar sehr mild, im Februar und März aber kalt, im Sommer kühl, am 9. Oktober fiel während der Weinlese große Kälte ein, es gab wenig und mittelmäßigen Wein.

1722 trat im April einige Tage lang strenge Winterkälte ein, hierauf aber kam warme Witterung, welche auch den Sommer über anhielt und es wuchs viel und guter Wein.

1723 litten die Reben im Februar nicht nur, sondern auch noch am 3. 4. 5. und 23. Mai sehr durch Frost; das niedere Feld erfror beinahe ganz, daher gab es wenig Wein, er wurde aber, da der Sommer sehr trocken und warm war, ziemlich gut.

1724 war es während des Januars und Februars warm, in der ersten Hälfte des Märzes zwar trat kalte Witterung ein, hierauf aber wurde es wieder warm, im Sommer kam nach langer Trockenheit ein fruchtbarer Regen; zu Ravensburg richtete am 8. August ein Gewitter mit Wolkenbruch, zu Stuttgart am 15. dieses Monats ein Hagelwetter Schaden an. Die Weinlese begann zu Ende des Septembers und lieferte einen reichlichen und sehr guten Ertrag.

1725 folgte auf einen trockenen Frühling ein warmer Sommer, im August aber begann so anhaltendes Regenwetter, daß man am 27. September deßwegen öffentliche Gebete anordnete, die Trauben fielen in Menge ab. Am 18. Oktober begann die Weinlese; es gab zwar noch ziemlich viel, aber sauern Wein.

1726 war der Winter schneereich und von langer Dauer, im Januar herrschte eine Kälte, welche der von 1709 beinahe gleich kam. Eine Menge Reben erfroren; der Sommer war heiß und trocken, ein weit verbreitetes Hagelwetter richtete vor Jakobi großen Schaden an, im Herbst begannen die Trauben zu faulen und es gab wenig, doch ziemlich guten Wein.

1727 war der Winter sehr gelind, der Frühling aber kalt; vom 17. bis 20. April gab es schädliche Reifen, während des heißen und trockenen Sommers jedoch erholten sich die Reben wieder, es wuchs viel und guter Wein.

1728 fiel am 6. Januar eine Menge Schnee und blieb liegen, bis ihn die bedeutende Wärme im April wegnahm; die Witterung blieb von da an dem Gedeihen der Reben bis in den Herbst günstig, es wuchs viel und sehr guter Wein. Zu Mezingen bekam man vom Morgen 32—40 Eimer *).

1729 war der Winter veränderlich, mit einzelnen sehr kalten Tagen, der Junius sehr heiß, der Julius kühl mit vielem Regen, der August gewitterreich, der September feucht und kalt, so daß die Trauben faulten. Es wuchs wenig und mittelmäßiger Wein. Im November kam strenge Kälte.

1730 war der Winter mild, im Sommer richteten Gewitter großen Schaden an, im Herbst trat frühzeitig Kälte ein, durch welche die Trauben stark litten; es gab nur wenig und sehr mittelmäßigen Wein.

1731 folgte auf einen starken Schneefall am 6. und 7. Februar eine sehr heftige Kälte, der Sommer war heiß und

---

*) Ein Achtelsmorgen gab sogar 135 Jmi laut dem Herbstpartikular (siehe Württembergische Jahrbücher 1818 p. 279).

gewitterreich, am 24. Julius Abends zwischen 5 und 6 Uhr richtete ein Hagelwetter, welches sich von Möckmühl bis Künzelsau und Rottenburg an der Tauber erstreckte, großen Schaden an. Es gab ziemlich viel und guten Wein.

1732 war der Winter mild, im Sommer aber richteten häufige Gewitter, zum Theil mit wolkenbruchähnlichen Regen, wie noch am 29. September im Kocher= und Taubertal, großen Schaden an, am 12. Oktober trat starke Kälte ein, die Trauben erfroren in Menge, es gab wenig und schlechten Wein.

1733 dauerte die strenge Kälte, welche zu Ende des Jahrs 1732 begonnen hatte, bis in den Frühling fort, in welchem die Reben sehr durch Frost litten; im Sommer richteten Gewitter großen Schaden an, es gab wenig und mittelmäßigen Wein.

1734 war die Witterung dem Gedeihen der Reben nicht günstig, es gab wieder wenig und mittelmäßigen Wein.

1735 war der Januar durch Stürme in vielen Gegenden verderblich, die Reben litten während der Blüthezeit durch Nässe und Kälte, und die Trauben fielen in Menge ab; der Sommer war zwar warm und trocken, aber während der Weinlese regnete es häufig und es gab daher wieder wenig und mittelmäßigen Wein.

1736 war die Witterung dem Gedeihen der Reben günstig, es gab ziemlich viel und ziemlich guten Wein.

1737 war der Winter schneereich und ziemlich mild, der Sommer warm, Hagelwetter aber richteten großen Schaden an und die Trauben fielen häufig ab, daher gab es wenig, aber ziemlich guten Wein.

1738 dauerte der Winter mit ziemlicher Kälte lang, es schneite noch im Mai und die Reben wurden stark beschädigt, hierauf folgte aber ein heißer Sommer und ein warmer Herbst. Die Weinlese begann am 6. Oktober und lieferte zwar wenig, aber einen Ausbund von Wein. Im Jahr 1778 noch bewahrte man in großen Weinkellern einen Vorrath davon, um geringere Weine damit zu verbessern. In Eßlingen lieferte die Weinlese einen ganz geringen Ertrag, denn am 18. Mai brach hier ein verheerendes Hagelwetter aus, welches in den Weingärten einen auf 109,391 fl. geschätzten Schaden an=

richtete; was noch stehen blieb, wurde dann großentheils vollends durch zwei Gewitter am 1. Junius um 4 Uhr Nachmittags und um 1 Uhr Nachts vernichtet.

1739 bewirkte am 16. Januar ein Gewitter mit orkanartigem Sturm das schnelle Schmelzen des Schnee's und dadurch schädliche Ueberschwemmungen. Der Sommer war heiß, am 5. Mai richtete ein Hagelwetter in der Gegend von Oehringen großen Schaden an. Die Weinlese, welche man zu Stuttgart wegen des Regens vom 8. auf den 12. Oktober verschob, lieferte einen sehr reichen Ertrag; zu Mezingen gab der Morgen 34 bis 36 Eimer. Der Wein war ziemlich mittelmäßig, verbesserte sich aber im Faß.

1740 war der Winter außerordentlich kalt und von langer Dauer; am 24., 25. und 26. Februar erreichte die Kälte ihren höchsten Grad; erst am 23. April trat Thauwetter ein, schon aber war der größere Theil der Reben erfroren und mußte vom Boden weggeschnitten werden. Der Frühling war rauh, der Sommer warm aber regnerisch; in der Gegend von Kirchheim und Brackenheim richtete der Hagel großen Schaden an. Nach einem milden September trat am 4. Oktober starker Frost ein und zerstörte den Herbstertrag vollends fast ganz. Zu Mezingen führte man die Trauben in Säcken heim und warf sie dem Vieh vor, zu Stuttgart, Eßlingen, Tübingen, Besigheim, Beilstein und Mundelsheim gieng gar keine Kelter. Der sehr wenige Wein, den man noch bekam, war so sauer, daß man ihn kaum trinken konnte.

1741 war es Anfangs kalt, bald aber trat Thauwetter ein, der Frühling war ziemlich warm, am 9. Junius verursachte ein wolkenbruchähnlicher Regen zu Mezingen, Kirchheim und Eßlingen schädliche Ueberschwemmungen, am 26. August verheerte ein Hagel die Gegend von Brackenheim. Sonst war die Witterung dem Gedeihen der Reben ziemlich günstig und es gab einen ziemlich guten Wein, aber nur wenig, was noch eine Folge des Frostes im Oktober des vergangenen Jahres war. Zu Ende des Jahres trat dann ziemlich starke Kälte ein.

1742 dauerte die Kälte den ganzen Januar durch fort, im Februar wurde es zwar etwas milder, dann aber trat wieder Kälte ein und die Witterung blieb bis zu Ende des

Mai's rauh und unfreundlich, auch der Sommer war dem Gedeihen der Reben nicht günstig und noch zu Anfang des Oktober waren die Trauben „nach langem Warten und angehoffter Besserung so schlecht, daß nicht wohl die Hälfte weich und zeitig, die übrigen, besonders in den höchsten Bergen, meist noch ganz hart waren, und man von ihnen wenig Besserung hoffen durfte". Es gab ziemlich viel, aber sauren Wein.

1743 litten die Reben durch Frost und im April durch einen mehrere Tage anhaltenden Sturmwind, es gab daher wenig Wein, er wurde aber, durch die warme Sommerwitterung begünstigt, gut. Im December trat starke Kälte ein.

1744 dauerte die Kälte fort und da wenig Schnee lag, erfroren sehr viele Reben. Bei Stuttgart wurde in dem über 1300 Morgen großen Bergfeld der vierte Theil derselben winddürr und der Morgen ertrug nur 8 bis 10 Imi. Es gab wenig, aber guten Wein.

1745 litten die Reben vom 20. Januar an bis in den Februar durch starke Kälte bei ziemlichem Schnee großen Schaden; während des warmen trockenen Sommers erholten sie sich zwar wieder, in der Nacht vom 4. auf den 5. Oktober aber stellte sich ein Frost ein, durch welchen „im niedern Feld das Laub geschreckt wurde, im mittlern und hohen spürte man wenig davon". Es wuchs wenig, aber guter Wein; zu Stuttgart gab der Morgen nur 5 Imi, in Marbach zernichtete ein Hagelwetter den ganzen Herbstertrag.

1746 fiel am 9. Februar ein tiefer Schnee, auf welchen starke Kälte folgte; der Sommer war so heiß und trocken, daß Quellen und Bäche versiegten, außer einzelnen meist heftigen Gewittern gab es fast gar keinen Regen. Am 23. Mai und 6. Juni wurde Nordheim durch Hagel heimgesucht. Die Sommerhitze bewirkte, „daß die Trauben sehr bestillirt wurden, der Most wie Oel vom Biet lief und sogleich wie alter Wein zu trinken war". Es gab ziemlich viel und sehr guten Wein.

1747 wurden die Reben durch Kälte im Winter und durch Frühlingsfröste, besonders am Himmelfahrtstag, stark beschädigt. Zu Stuttgart nahm man deßwegen einen Augenschein vor und fand dabei, daß von 2400 Morgen Wein=

gärten 800 noch zum achten oder sechsten, 1200 zum fünften oder vierten, 400 zum dritten Theil oder zur Hälfte gut waren. Am 1. Julius Abends richtete dann noch ein Hagelwetter bei Stuttgart Schaden an und der Weinertrag wurde durchschnittlich auf 8 Jmi vom Morgen geschätzt. Im Allgemeinen gab es wenig, aber ziemlich guten Wein.

1748 war der Sommer heiß und trocken, gegen den Herbst hin aber faulten die Trauben sehr. Es wuchs ziemlich viel und ziemlich guter Wein.

1749 machten die Reben im warmen Frühling starke Fortschritte; am 1. Mai aber beschädigte sie, besonders im niedern Feld, ein starker Frost, durch darauf folgende Regen litten sie auch im mittlern und hohen Feld, während der nassen Blüthezeit durch Laubbrennen und Abfallen der Trauben. Ein Hagelwetter mit Wolkenbruch verheerte am 15. Julius die Gegend um Stuttgart und ein anderes am 26. Julius Brackenheim, Nordheim, Meimsheim, Hausen und Dürrenzimmern. Es gab wenig, aber guten Wein.

1750 folgte auf einen kalten Winter ein sehr heißer Sommer; am 10. Junius wurde die Gegend um Brackenheim wieder durch ein Hagelwetter verheert. Man erhielt wenig, aber guten Wein.

1751 war der Frühling und der Sommer kühl und feucht, die Reben im niedern und mittlern Feld gediehen besser als die im hohen. Es wuchs noch ziemlich viel, aber mittelmäßiger Wein.

1752 hatten die Reben bei günstiger Witterung um Johannis schon verblüht, am 14. August wurde die Gegend um Brackenheim wieder durch ein Hagelwetter heimgesucht. Es gab ziemlich viel und guten Wein.

1753 war der Winter gelind, am 6., 7. und 8. Mai kamen starke Nachtfröste, die Sprossen der Reben erfroren größtentheils und wurden auch durch die gleich darauf folgende starke Hitze verbrannt. Im Sommer war es anhaltend heiß, die Reben trieben neue Sprossen, und obwohl in den höchsten Lagen die Trauben nicht zur gehörigen Reife kamen, gab es doch ziemlich viel und sehr guten Wein. Nur in der Gegend von Brackenheim richtete ein Hagel am 12. Julius wieder Schaden an.

1754 folgte auf einen starken Schneefall am 26. Januar strenge Kälte, welche bis zum 21. März dauerte; der Frühling war kühl und trocken, nach einem Regen am 11. Mai aber trat starke Hitze ein und die Reben machten große Fortschritte. Doch am 18. Mai schon kam kaltes Regenwetter, welches den ganzen Sommer fortdauerte und besonders der Rebenblüthe schadete. Die Trauben fielen theils ab, theils wurden sie kleinbeerig, daher gab es ziemlich wenig und sauren Wein. Am 14. Junius richtete ein Gewitter mit Wolkenbruch bei Eßlingen großen Schaden an und am nämlichen Tag verheerte ein Hagelwetter die Weingärten bei Ravensburg so sehr, daß sie nur 28 Fuder Ertrag lieferten. Am 15. Julius wurde auch Hofen bei Besigheim durch Hagel beschädigt.

1755 war der Winter sehr kalt, um Lichtmeß erreichte die Kälte einen noch höheren Grad, als im Jahr 1740 und dauerte, nur einigemal durch Thauwetter unterbrochen, bis zum 31. März fort. Dann aber wurde es so warm, daß am Ende des Aprils die Reben schon eine Hand lange Sprossen getrieben hatten. Nachtfröste am 2. und 3. Mai aber, kalte Regen in diesem Monat, und Hagelwetter am 5. und 7. Junius und am 24. Julius richtete einen großen Theil des Weinertrags zu Grunde, doch wurde, was übrig blieb, gut. In Stuttgart gab der Morgen einen halben Eimer; in dem am 7. Junius vom Hagel besonders schwer getroffenen Ravensburg bekam man nur 20 Eimer.

1756 war der Winter kalt und von langer Dauer, der Frühling sehr naß, der Sommer zwar trocken, aber nur mäßig warm. Regenwetter während der Blüthe bewirkte, daß die Trauben faulten, Wurmnester bekamen und die Beeren häufig abfielen. Auch gab es mehrere Hagelwetter, am 26. Mai zu Hausen an der Zaber, am 6. August in der Gegend von Brackenheim und zu Beilstein, im Oktober im Häslacher Thal bei Stuttgart. Es wuchs wenig und mittelmäßiger Wein.

1757 folgte auf einen gelinden Winter ein warmer Frühling, um die Mitte des Augusts aber trat kaltes Regenwetter ein, welches bis in den Herbst dauerte, so daß die Trauben stark zu faulen begannen und es wenig und nur mittelmäßigen Wein gab. Am 30. Junius und 25. Julius richteten Hagelwetter bei Stuttgart, am 18. August in der Gegend von Brackenheim großen Schaden an.

1758 war der Sommer kühl und feucht und es gab daher wieder wenig und mittelmäßigen Wein.

1759 war der Winter mild, am 19. und 20. Mai aber trat eine solche Kälte ein, daß viele Reben erfroren. Der Sommer war in der ersten Hälfte kühl, in der zweiten aber sehr heiß, so daß man noch ziemlich viel und guten Wein bekam.

1760 folgte auf einen kalten, schneereichen und stürmischen Winter ein sehr heißer und trockener Sommer, in welchem die Reben trefflich gediehen; es gab daher viel und sehr guten Wein.

1761 litten die Reben durch einen Nachtfrost am 30. April sehr, sonst aber war ihnen die Witterung günstig, es gab ziemlich viel und ziemlich guten Wein.

1762 waren der Januar und der Februar kalt, der März war stürmisch, im April trieben die Reben bei großer Wärme stark, litten aber auch durch den Nachtfrost am 8. Mai desto mehr. Da aber der Sommer sehr warme und trockene Witterung brachte, gab es noch ziemlich viel und ziemlich guten Wein.

1763 war der Winter kalt, schneearm und von langer Dauer, am 11. und 12. März litten die schon von der Winterkälte angegriffenen Reben durch einen kalten Nordwind so sehr, daß eine Menge von ihnen erfror und abgeschnitten werden mußte. In der Gegend von Stuttgart beschädigte sie am Abend des 16. Mai's auch noch ein Hagel, und da der Sommer nur einzelne sehr heiße Tage hatte, gab es nur wenig und sehr schlechten Wein, den man ohne einen Zusatz von Obstmost nicht trinken konnte.

1764 war der Winter kalt, im April schneite es stark, während der Rebenblüthe war die Witterung kalt und naß, und der Wein wurde in Rücksicht auf Quantität und Qualität mittelmäßig.

1765 brachte ebenfalls einen kalten Winter, am 12., 13. und 14. April litten die Reben sehr durch scharfe Nordwinde, zu Ende des Junius, während der Rebenblüthe, war es kalt und regnerisch, in den Trauben erzeugten sich Würmer und sie fielen häufig ab. Die Weinlese, die bei günstiger Witterung am 15. Oktober begann, lieferte einen nach Quantität und Qualität mittelmäßigen Ertrag.

1766 herrschte Anfangs starke Kälte, schon zu Anfang des Märzes aber wurde es warm; die Wärme dauerte, mit Regen untermischt, bis in den Julius fort, der August und September waren trocken. Zu Anfang des Oktobers fiel ein warmer Regen, durch welchen die Trauben zur vollkommenen Reife kamen. Die Weinlese begann am 9. Oktober und lieferte viel sehr guten Wein.

1767 fiel am 29. April ein sehr tiefer Schnee, der drei Tage lang liegen blieb und den Reben sehr schadete; im Sommer gab es häufig Hagelwetter und seine Witterung war den Trauben wenig günstig, sie wurden kaum zur Hälfte zeitig, es gab wenig und schlechten Wein.

1768 war der Winter wieder sehr kalt, auf ein Gewitter am 5. Januar nahm die Kälte bedeutend zu, der Sommer war regnerisch und es wuchs nur wenig und mittelmäßiger Wein.

1769 war die Witterung bei fortwährend niederer Temperatur und häufigem Regen dem Gedeihen der Reben gar nicht günstig; zu Anfang des Oktobers gab es noch keine reifen Trauben. Weil aber das Laub gut war, befahl man, die Weinlese noch aufzuschieben, bis es zusammenschrumpfe und abfalle. Dieß bewirkte eine gleich darauf eintretende Kälte, man begann daher am 9. Oktober zu lesen und bekam wenig schlechten Wein.

1770 war die Witterung den größten Theil des Jahres über durchaus ungünstig, der Winter streng, der Frühling kalt, der Sommer kühl und feucht, heftige Stürme und Gewitter mit starken Regengüssen wirkten höchst nachtheilig auf alle Gewächse. Es wuchs wenig und schlechter Wein.

1771 herrschte Anfangs milde Witterung, im Februar aber trat Kälte ein, der Frühling war naß und frostig, der Sommer kühl, man bekam wenig und mittelmäßigen Wein.

1772 folgte auf ein kaltes Frühjahr, in welchem es noch am 22. April schneite, ein heißer Sommer. Der Herbst war warm, die Weinlese begann am 13. Oktober und lieferte viel und mittelmäßigen Wein.

1773 war der Frühling warm, der Sommer begann mit starker Hitze, am 16. Junius aber brach ein Hagelwetter aus, welches in einem weiten Bezirk um Stuttgart eine große Verheerung anrichtete; während der Rebenblüthe regnete es beständig und es gab wenig und nur mittelmäßigen Wein.

1774 fiel am 12. und 13. Januar große Kälte ein und in der Nacht vom 19. auf den 20. Mai gab es einen starken Frost, welcher die Reben besonders im Remsthal sehr beschädigte, die Gegend um Weinsberg wurde auch durch Hagel heimgesucht. Der Sommer aber brachte anhaltende Hitze und Trockenheit und am Pfingstmontag fand man schon blühende Trauben; es wuchs ziemlich wenig aber ziemlich guter Wein. Im November trat Kälte mit vielen Nebeln und häufigem Schneefall ein.

1775 dauerte die Kälte fort, in der Nacht vom 4. auf den 5. Februar kam ein heftiger Sturm, am 20. Mai schneite es und wurde wieder sehr kalt und am 25. August richtete ein Hagelwetter mit Platzregen großen Schaden an. Der ganze Jahrgang zeigte überhaupt einen häufigen starken Temperaturwechsel und der Weinertrag war in Rücksicht auf Quantität und Qualität mittelmäßig.

1776 war der Winter streng, der Februar ungewöhnlich kalt, der Frühling und ebenso auch der Sommer unfreundlich, es wuchs nur wenig und schlechter Wein.

1777 herrschte im Winter mäßige Kälte, nach einem Schneefall am 10. März aber wurde es sehr kalt, der Sommer war heiß und vom 1. August an sehr trocken; die Trockenheit dauerte bis in den Herbst fort, erst am 7. Oktober kam ein Gewitter mit warmem Regen, worauf die Trauben „ungemein zulegten". Nach einem zweiten Gewitter am 16. Oktober aber fiel in der Nacht vom 19. auf den 20. Oktober eine solche Kälte ein, daß die Reben schnell ihr Laub verloren und die Trauben steinhart gefroren; während dieser Kälte, die einige Tage dauerte, begann man zu lesen und bekam ziemlich wenig Wein, der aber sehr gut wurde, „weil durch die Kälte sich in den Trauben alles Wässerige verloren und das Geistige um so mehr zugenommen hatte" *).

1778 war der Frühling naßkalt, der Sommer aber heiß und trocken, erst im September regnete es; nun aber begannen die Trauben zu faulen, man fing daher am 9. Oktober an zu lesen und erhielt einen der Quantität nach mittelmäßigen, aber in der Qualität ziemlich guten Ertrag.

1779 trat schon im Februar milde Witterung ein, der Mai war sehr warm, der Sommer mit Ausnahme einiger kühlen Tage im Junius heiß und gewitterreich, der Weinertrag der Quantität nach mittelmäßig, in Rücksicht auf die Qualität aber gut.

1780 war der Januar sehr kalt und schneereich, der Frühling abwechselnd kühl und warm, der Sommer heiß; Wein gab es ziemlich viel und ziemlich guten.

1781 litten die Reben durch Reifen am 7. und 8. Mai und durch einen starken Frost in der Nacht vom 24. auf den 25. dieses Monats; bei Stuttgart erfroren 1538 Morgen Weingärten ganz, das höhere Feld, besonders wo es vom Wind bestrichen werden konnte, blies ziemlich verschont. „Wer das Erfrorene stehen ließ, in der Hoffnung, es werde sich von selbst wieder erholen, bekam kranke Stöcke, welche im folgenden Jahre darauf gingen, wer es aber abschnitt, erhielt in dem anhaltend warmen Sommer wieder viel Holz." Während des Sommers richteten auch Gewitter Schaden an, doch gab es noch ziemlich viel und guten Wein.

1782 trat im Februar strenge Kälte ein, welche bis zu Anfang des Mais dauerte und den Reben sehr schadete; mit dem 9. Junius begann Sommerhitze, aber unterbrochen durch viele Strichregen und Gewitter, welche durch Hagel am 30. Mai in der Gegend von Eßlingen, am 14. Julius bei Stuttgart großen Schaden anrichteten. Erst im Julius kam

---

*) Ein Zeitgenosse erzählt: Da man die Weinlese wegen der Jubiläumsfeier der Universität Tübingen verschoben hatte, erhoben, als die Kälte einfiel, die Weingärtner in Stuttgart ein großes Lamento, liefen, ohne den Herbstsatz abzuwarten, in die Weinberge und schnitten die Trauben ab, welche nur Nachmittags bei Sonnenschein gekeltert werden konnten.

anhaltende Hitze, es wuchs ziemlich viel und ziemlich schlechter Wein.

1783 war der Frühling warm, der Sommer heiß und gewitterreich, in der Mitte des Junius bei schwüler Hitze verbreitete sich ein im größten Theile Europas bemerkbarer Höhenrauch auch über Schwaben und hielt hier beinahe den ganzen Sommer an, die Sonne erschien dabei bald ganz blaß, bald feurig; dem Gedeihen der Reben war er sehr günstig, zu Ende des Augusts und im Herbst regnete es häufig. Wein gab es viel und er wurde sehr gut. Am 23. Dezember trat starke Kälte ein.

1784 dauerte die Kälte fort und erreichte am 12. und 13. Januar einen sehr hohen Grad, vom 16. bis 23. schneiete es unaufhörlich, auch im Februar gab es bei steigender Kälte einen starken Schneefall, und das am 23. dieses Monats schnell einfallende Thauwetter verursachte daher verderbliche Ueberschwemmungen. Im März und April war die Witterung noch rauh, im Sommer jedoch warm und trocken. Es gab ziemlich viel, aber mittelmäßigen Wein. Der Winter begann früh mit ziemlicher Kälte.

1785 wurde es im Januar etwas milder, mit dem Ende des Februar aber begann ein zweiter scharfer Winter, am 9., 10. und am 21. März fiel zwar Thauwetter ein, gleich darauf aber folgte wieder heftiger Frost mit Schnee und schneidend kalten Winden. Noch am 5. April fiel ein tiefer Schnee, dann aber kam Thauwetter, welches wieder starke Ueberschwemmungen verursachte. Der Sommer war kalt und naß, Hagelwetter richteten an vielen Orten großen Schaden an, namentlich am 5. August in der Gegend von Stuttgart. Es gab wenig und schlechten Wein.

1786 schadete der kalte, schneereiche Winter den Reben sehr, der Frühling trat erst spät ein und war rauh, der Sommer sehr regnerisch, die Gegend um Kirchheim wurde den 29. Junius und 19. Julius durch Hagel verheert. Im Herbst trat starker Frost ein, welcher die noch unzeitigen Trauben vernichtete und auch dem Holz der Reben schadete. Die Weinlese begann am 18. Oktober und lieferte einen geringen Ertrag, doch wurde der Wein etwas besser, als 1785.

1787 dauerte die schon im Oktober 1786 eingetretene

Kälte bis in den März fort, dann folgte günstige Frühlingswitterung, zu Ende des Aprils und zu Anfang des Mais aber schadeten Regen und rauhe Winde den Reben sehr. Während des heißen, gewitterreichen Sommers erholten sie sich wieder, doch richteten auch Hagelwetter bedeutenden Schaden an. Am 21. Julius erhob sich bei Häslach ein Wirbelwind, welcher in einer Breite von ungefähr hundert Schritten mit großem Geräusch einherziehend Alles verheerte und sich bis in die Heumader Markung erstreckte. Es wuchs wenig, aber ziemlich guter Wein. Im Dezember war die Witterung ungewöhnlich mild, am 18. dieses Monats brach in Stuttgart ein heftiges Gewitter aus.

1788 kam zu Anfang Kälte mit Schnee, schon im Februar aber wurde es milder und blieb bis zu Ende des Julius warm. Um Johannis war die Traubenblüthe schon ganz vorüber, aber auch Gewitter stellten sich zeitig ein, am 18. Mai schon kam das erste Hagelwetter, vom Abend des 23. bis zum Morgen des 24. Julius folgten vier auf einander, welche einen großen Landstrich von Pfullingen bis Marbach verheerten. Der August war zwar kühl und regnerisch, im September und Oktober aber wurde die Witterung wieder sehr günstig, es gab sehr viel und guten Wein. Ein Zeitgenosse berichtet: Das hohe, mittlere und niedere Feld hingen gleich voll Trauben, die rothen Sorten, besonders die welschen, übertrafen die weißen noch an Reife. Die Käufer glaubten, die Weingärtner würden froh sein, wenn ihnen nur Jemand den Wein abnehme, allein das Wetter wurde vortrefflich, das Geschrei, daß im Unterland der Wein auch um den geringsten Preis keine Liebhaber finde, weil die Menge zu groß sei, ertönte im Oberland und im Ausland und bewirkte, daß bei den guten Wegen sich die entferntesten in- und ausländischen Wirthe haufenweis mit ihren Fuhren im Unterland einfanden, und der Preis des Weines täglich und zuletzt bis auf 23 Gulden stieg, viele auch, welche zu lange zauderten, unbefriedigt heimziehen mußten. Im Dezember trat Kälte mit Schnee ein, welche nur durch wenige mildere Tage (23. bis 25. Dezember) unterbrochen wurde.

1789 trat zwar im Januar Thauwetter ein, aber bald kam wieder Kälte mit starken Schneefall und noch im März herrschte voller Winter mit Schnee und kalten Winden, doch weniger auf den Bergen als in den Thälern und Ebenen; eine Menge Reben erfroren, besonders in der Gegend am Bodensee, wo die Kälte am heftigsten war und man sehr viele Reben abschneiden mußte. Im April wurde die Witterung milder, schon am 22. dieses Monats brach das erste Gewitter aus, welchem bis zum September noch 10 andere folgten, die zum Theil durch Hagel und Ueberschwemmungen großen Schaden anrichteten, wie am 20. und 24. Junius, wo sie den großen Bezirk von der Baar und vom Heuberg bis nach Maulbronn und Weinsberg heimsuchten. Der Sommer war kühl und regnerisch bis zum 3. August, wo heiße trockene Witterung eintrat, welche bis in den September dauerte. Der Oktober war wieder naß, es gab nur wenig mittelmäßigen Wein, am Bodensee sehr wenig.

1790 war im Januar die Witterung so mild, daß die Wiesen grünten und die Bäume zu blühen begannen, hierauf folgte regnerische Witterung und am 20. April brach das erste Gewitter aus, um die Mitte des Junius wurde es bedeutend warm, ein Hagelwetter verheerte am 25. Julius die Gegend um Heilbronn, die Weinlese begann am 23. Oktober und lieferte ziemlich viel und ziemlich guten Wein.

1791 wechselte im Januar schnell Frost mit lauem Regenwetter, der Februar brachte Schnee und Kälte, im März und April war die Witterung veränderlich und dem Gedeihen der Reben ungünstig, in der Nacht vom 7. auf den 8. Mai schadete denselben auch ein Frost sehr, bei der darauffolgenden windigen und naßkalten Witterung konnten sie sich nicht mehr recht erholen, und es wuchs wenig und sehr mittelmäßiger Wein.

1792 war der Frühling ziemlich warm, am 2. und 22. April aber beschädigte ein Frost die Reben, der Sommer war zwar heiß, brachte aber auch viele Gewitter, von welchen die am 24. Junius, 19. Julius, 18. August, 1. und 3. September durch Hagel in vielen Gegenden Schwabens großen Schaden anrichteten. Es gab daher wenig und sauern Wein.

1793 war das Frühjahr warm und trocken, der Sommer bis in die Mitte des Julius naß und kühl, nur wenn die Sonne durchbrach, folgte eine schwüle Hitze, der August und September waren heiß und trocken und noch im Oktober gab es recht warme Tage, aber mit kalten Nächten. Es wuchs ziemlich viel und guter Wein.

1794 war die Witterung dem Gedeihen der Reben sehr günstig, doch richteten am 7., 8., 15. und 16. August Hagelwetter Schaden im Zabergau an. Als im Herbst die Trauben zu faulen begannen, beschleunigte man die Weinlese, welche viel und guten Wein lieferte.

1795 trat nach langer, heftiger Winterkälte schnell Thauwetter ein, in der Nacht vom 24. auf den 25. Mai litten die Reben durch einen Frost, erholten sich aber während des sehr warmen Sommers wieder, und es gab zwar wenig, aber guten Wein.

1796 war der Winter mild, nach einem starken Schneefall am 17. März aber trat Kälte ein und auch im April litten die Reben durch Frost, der Sommer war zwar warm und trocken, der Wein aber wurde in Rücksicht auf Quantität und Qualität nur mittelmäßig.

1797 gab es einen kalten, langdauernden Winter, einen unfreundlichen Frühling und einen kühlen Sommer, es wuchs ein der Quantität und Qualität nach mittelmäßiger Wein.

1798 war der Sommer in ganz Europa durch seine anhaltend trockene und warme Witterung ausgezeichnet und es gab ziemlich viel und guten Wein. Am 9. Dezember begann es sehr kalt zu werden, und die unbezogenen Reben erfroren.

1799 dauerte die Kälte fort und noch im April gab es einen starken Schnee und Frost, der naßkalte Sommer brachte nur wenig warme Tage und im Herbst war die Witterung sehr veränderlich, daher wuchs nur wenig und schlechter Wein. Am 1. Dezember trat starke Kälte ein und dauerte nach kurzer Unterbrechung bis ins nächste Jahr fort.

1800 war der Frühling kalt und feucht, auf einige warmen Tage zu Anfang des Junius folgte kaltes Regenwetter, mit dem 6. Julius aber begann große Hitze und Trockenheit; es gab wenig, aber guten Wein.

1801 gab es in der Mitte des Februar einige kalte Tage, sonst war der Winter mild, der Frühling warm, nur zu Ende des Aprils kühl, der Sommer trocken und ziemlich heiß mit etlich verderblichen Hagelwettern, der Herbst stürmisch, es wuchs viel, aber mittelmäßiger Wein. In der zweiten Hälfte des Dezembers kam strenge Kälte.

1802 nahm die Kälte am 3. Januar ab, am 10. dieses Monats aber gab es einen starken Schneefall und am 20. erreichte die Kälte ihren höchsten Grad, verminderte sich jedoch allmälig, und am 20. Februar trat Thauwetter ein. Der Sommer war heiß und trocken, am 5. Julius richtete ein weitverbreitetes Hagelwetter mit heftigem Sturm großen Schaden an, und im Julius unterbrach ein kühler Regen die Hitze, welche im August aufs Höchste stieg. Es gab sehr viel und guten Wein.

1803 war der Winter schneereich und von langer Dauer, aber nicht besonders kalt, am 22. und 23. Februar trat Thauwetter ein, der Mai war kalt und unfreundlich, vom 23. bis 29. dieses Monats schadeten Nachtfröste den Reben, am 26. schneiete es sogar. Im Sommer aber kam anhaltend trockene und warme Witterung, Gewitter waren häufig und schadeten einigemal durch Hagel, der August war besonders heiß, am 13., 26. und 27. September aber litten die Reben sehr durch Nachtfröste, die Weinlese fiel daher der Quantität und Qualität nach mittelmäßig aus.

1804 dauerte die warme Witterung, welche schon im Dezember 1803 begonnen hatte, bis in die Mitte des Februars fort und nach einem warmen Regen am 18. und 19. dieses Monats grünten die Wiesen, blühten Seidelbast und Palmweiden, dann aber folgte auf einen starken Schneefall wieder empfindliche Kälte, erst zu Anfang des Mais begann es heiß zu werden, im Junius nahm die Hitze zu, bei schwüler Luft gab es häufig Gewitter, deren einige durch Platzregen, Hagel und Sturm großen Schaden anrichteten, im August gab es einige kalte Regentage, der September war heiß, es gab ziemlich viel und ziemlich guten Wein.

1805 folgte auf einen kalten Winter mit vielem Schnee, dessen schnelles Schmelzen Ueberschwemmungen verursachte, ein später, frostiger Frühling, die Rebenblüthe begann erst im Julius und die Witterung blieb bis in den September kühl. Im Oktober schneiete es, ein Frost in der Nacht vom 5. bis 6. dieses Monats und die Kälte am 20., 21. und 22. vernichteten den größten Theil des Herbstsegens. Es gab sehr wenig und sauern Wein, in Schorndorf bekam man nur 27 Eimer.

1806 war der Winter gelind, der Frühling kalt und unfreundlich, erst im Mai wurde es warm, der Sommer war heiß und gewitterreich, man bekam ziemlich viel, aber mittelmäßigen Wein. Im November trat so milde Witterung ein, daß die Bäume und selbst die Reben wieder blühten, erst am 17. Dezember wurde es kalt.

1807 fiel am 9. Februar Thauwetter ein, bald aber wurde es wieder kalt und schneiete noch am 22. und 23. April. Dann jedoch kam ein sehr heißer, trockener und gewitterreicher Sommer, am 31. Julius wehte zu Stuttgart ein glühend heißer Wind, der Kopfweh und starke Erschlaffung verursachte. Zu Anfang des Augusts gab es schon reife Trauben, der September brachte zwar einige kalte Tage, aber noch um die Mitte des Oktobers herrschte während der Weinlese bedeutende Wärme und es gab viel und guten Wein.

1808 war der Januar ziemlich gelind, der Februar kalt, der Mai heiß und trocken, der Junius regnerisch und unfreundlich, im Julius herrschte die größte Hitze, nahm aber im August schon wieder ab. Es wuchs viel, jedoch mittelmäßiger Wein.

1809 trat zu Ende des Januars schnell Thauwetter ein, in der Nacht vom 23. auf den 14. Februar brach ein heftiges Gewitter aus, hierauf wechselten Frost und Thauwetter mit einander ab, bis der Mai wärmere Witterung brachte, der Sommer aber war, mit Ausnahme einiger heißen Tage im August, naß und kalt, am 12. Oktober begann es zu schneien. Die Weinlese fiel der Quantität nach mittelmäßig aus, der Wein wurde sauer.

1810 waren der Januar und Februar kalt und schneereich, die Witterung war im Frühling rauh, im Sommer kühl, im September erst wurde es wärmer und blieb mild bis zu Ende des Jahres. Es wuchs wenig und mittelmäßiger Wein.

1811 war ein in Rücksicht auf Witterung und Fruchtbarkeit ausgezeichnetes Jahr, selbst die ältesten Männer konnten sich eines solchen nicht erinnern. Auf einen mäßig kalten

Winter folgte schon im Februar angenehme Frühlingswärme, im März beständig warmer Sonnenschein, der April hatte seinen veränderlichen Charakter ganz abgelegt und im Mai war es schon voller Sommer. Gewitter gab es zwar häufig, sie waren aber meist von befruchtenden Regen, selten von Hagel und Sturm begleitet. In der zweiten Hälfte des Julius begann eine nur vom 10. bis 13. August durch Kälte unterbrochene Hitze und Trockenheit, welche bis tief ins Spätjahr dauerte, so daß die Obstbäume noch einmal blühten und man am 19. Oktober in einem Garten bei Stuttgart zum zweitenmal blühende Trauben fand. Die Rebenblüthe begann im Mai und im August gab es schon reife Trauben. Diese wurden zwar etwas durch den Brenner beschädigt, aber ungewöhnlich groß und vollkommen. Der Wein, von einem im September erscheinenden Kometen der Kometenwein genannt, zeichnete sich durch Geist und Süßigkeit aus, während er gährte, konnte man die Keller, in welchen er lag, nur mit der größten Vorsicht besuchen, und mancher erprobte Zecher fiel ihm zu Opfer. Im Dezember erst fiel Kälte ein.

1812 nahm die Kälte im Februar ab, im März aber wieder zu, der April und Mai waren sehr veränderlich, der Junius und Julius rauh und unfreundlich, nur vom August bis Oktober herrschte warme Witterung, schon im November begann der Winter mit großer Strenge. Es gab zwar ziemlich viel, aber mittelmäßigen Wein.

1813 dauerte der Winter bis in die Mitte des Märzes, der Sommer war naß und kalt und die Reben hatten eine schlechte Blüthe, die Weinlese begann am 26. Oktober und lieferte nur wenig und schlechten Wein.

1814 war der Winter nicht sehr kalt aber von langer Dauer, noch zu Anfang des Mais gab es Frost, der Junius und Julius waren zwar trocken, aber erst der August brachte rechte Sommerwärme, welche auch im September fortdauerte, auf die jedoch im Oktober empfindliche Kälte mit starken Nebeln folgte. Es gab sehr wenig und sauern Wein.

1815 waren der Januar und Februar kalt, ein rauher Frühling folgte, und um die Mitte des Aprils erfroren die Reben, mit dem Mai begann Wärme, der Sommer war heiß und gewitterreich. Es wuchs viel und mittelmäßiger Wein.

1816 zeichnete sich durch seine außerordentlich niedere Temperatur aus. Der Januar war rauh und stürmisch, im Februar erreichte die Kälte einen hohen Grad, der Frühling erwies sich rauh und unfreundlich, noch am 13. Mai schneite es, im Sommer herrschte beständig nasse und kalte Witterung. Kaum ließ sich die Sonne, in der man ungewöhnlich viele Flecken erblickte, sehen, so brach auch sogleich ein heftiges Gewitter aus, auf welches gewöhnlich sehr empfindliche Kälte folgte. Im September wurde zwar die Witterung etwas besser, am 17. Oktober aber trat starker Frost ein, und kurz darauf folgte Schnee. Die Trauben gelangten gar nicht zur Reife, in Stuttgart schnitt man zu Anfang des Novembers die weniger harten aus, der davon gewonnene Wein aber konnte nur durch Vermischung mit Obstmost trinkbar gemacht werden. In sehr vielen Orten ging gar keine Kelter. Der Eimer alten Weins stieg auf 100 bis 150, der Eilfer sogar auf 250 Gulden.

1817 war der Januar mild, am 16. Februar brach ein heftiges Gewitter aus, worauf starker Schneefall folgte; auch im April schneiete es viel, nach 36stündigem Regen kam eine verderbliche Ueberschwemmung. Hierauf trat günstige Witterung ein, im Julius stieg die Hitze bis auf 15 Grad, die Reben aber litten noch an den Nachwehen der früheren ungünstigen Witterung. Es gab zwar viel Trauben, aber nur wenige gelangten zur gehörigen Reife, und durch die um die Mitte des Oktobers eintretende kalte Witterung wurden die unreifen Trauben vollends hinweggerafft; es wuchs nur wenig und schlechter Wein, dessen Preis dennoch bis auf 100 Gulden stieg, der Eilfer kostete sogar 330 Gulden.

1818 folgten auf einen milden Winter bald warme Frühlingstage, im März schon stieg die Temperatur auf 27, im April auf 22 Grad, am Ende dieses Monats aber sank sie bis unter den Gefrierpunkt. Im Mai richteten Hagelwetter großen Schaden an, und am 31. dieses Monats litten die Reben strichweise durch einen starken Frost. Hierauf aber kam im Junius bedeutende Hitze, um die Mitte des Augusts und im September unterbrachen erfrischende Regen die Trockenheit, man bekam ziemlich viel und sehr guten Wein, von dem der Eimer im höchsten Preis 130 Gulden kostete.

1819 war der Winter gelind, in der Nacht vom 15. bis 16. Februar brach ein heftiges Gewitter mit Sturmwind aus, im Februar und März wechselten Schnee und Regen ab, in dem sehr warmen April machten die Reben starke Fortschritte, litten aber auch durch Frost am 27. und 28. dieses Monats, am 1. und 16. Mai. Hierauf kam wieder große Wärme, zu Ende des Mais begann die Traubenblüthe, der Junius war zwar kühl und regnerisch, im Julius aber wurde es sehr heiß, am 10. August fand man schon reife Trauben, doch regnete es in diesem Monat noch viel, der September und Oktober hingegen waren trocken, es gab viel und guten Wein, der Mittelpreis desselben war 50, der höchste Preis 100 bis 116 Gulden.

1820 nahm die Kälte, welche im Dezember 1819 begonnen hatte, immer mehr zu bis zum 18. Januar, und weil wenig Schnee lag, litten die Reben dadurch sehr, ebenso durch den Wechsel von Kälte und Thauwetter im Februar und März, durch die naßkalte Witterung und durch Reifen im Mai, im Junius hatten sie eine schlechte Blüthezeit, der Julius war bei ziemlicher Hitze regnerisch, der August heiß, der September größtentheils trocken, aber ziemlich kühl; es wuchs wenig und schlechter Wein.

1821 dauerte der schneearme Winter, welcher schon im November 1820 begonnen hatte, bis in den Februar fort, im März herrschte meist gelinde Witterung, der April war warm aber regnerisch, der Mai wie der Junius rauh, am 11. Junius litten die Reben durch einen starken Reifen, im Julius und in der ersten Hälfte des Aprils regnete es viel und die Trauben fielen häufig ab, obwohl hierauf warme Witterung folgte und bis gegen das Ende des Oktobers fortdauerte, so wuchs doch wenig und schlechter Wein, welcher unter der Kelter im Oberland 8 bis 13, im Unterland 8 bis 40 Gulden kostete.

1822 war der Winter gelind, im Januar gab es einige Gewitter, im Februar trat Thauwetter ein, im März und April wechselten befruchtende Regen mit Sonnenschein, im Mai begann die Traubenblüthe, im Julius stieg die Hitze auf 24 und 28 Grad, wurde aber öfters durch Regen unterbrochen, zu Ende dieses Monats fand man schon reife Trauben. Während des kühlen, regnerischen Augusts aber fingen diese an zu faulen, im untern Neckarthal begann daher die Weinlese schon am 10. September, anderwärts erst gegen Ende dieses Monats. Es gab viel und da, wo man nicht zu frühe las, sehr guten Wein, welcher im Oberland bis 50, in Neufen sogar 58, im Unterland 60 bis 100 Gulden galt. Im Oktober war es noch so warm, daß hie und da die Obstbäume zum zweiten Mal blühten.

1823 herrschte Anfangs starke Kälte, welche aber schon zu Ende des Januars abnahm, im Februar und März gab es mehr Regen als Schnee, der April war rauh, am 1. Mai trat Frost ein, gleich darauf aber wurde es bedeutend warm, und die Reben setzten sehr viele Triebe zu Blüthen an, von welchen aber während der rauhen und nassen Witterung des Junius eine Menge wieder abfiel; auch der Julius und der größte Theil des Augusts brachten noch keine gehörige Sommerwitterung, diese kam erst zu Ende des letztern Monats und dauerte dann bis zum Oktober. Am 20. dieses Monats begann die Weinlese und lieferte zwar ziemlich viel, aber schlechten Wein, welcher unter der Kelter zum Preis von 7 bis 50 Gulden verkauft wurde.

1824 war ein durch veränderliche Witterung mit viel Regen, Stürmen, Gewittern und Hagel vor vielen andern ausgezeichnetes Jahr. Der Januar war zu Anfang und zu Ende regnerisch, um die Mitte mäßig kalt, wie auch der Februar, der April rauh und unfreundlich bis zum 20., wo Frühlingswitterung eintrat, der Mai regnerisch, der Junius naßkalt. Die Reben machten daher nur langsame Fortschritte und begannen erst am 7. Julius zu blühen. Der Sommer brachte zwar große Hitze, aber auch viel, häufig von Hagel begleitete Gewitter, durch welche die Markungen von 360 Gemeinden beschädigt wurden. Im September und Oktober wechselten Regen und Sonnenschein, am 17. Oktober aber, ehe noch die Reben die gehörige Reife erlangt hatten, fiel Frost ein, es gab daher sehr wenig und schlechten Wein.

1825 war die Witterung im Januar und Februar gelind, im März und im größern Theile des Aprils rauh, vom 21. April bis 14. Mai warm, dann kam ein den Reben sehr schädlicher Frost, auf welchen jedoch schon am 22. Mai wieder warme Witterung folgte, welche der Traubenblüthe im Junius sehr günstig war, während des Julius herrschte theilweise große Hitze, der August und September waren regnerisch, erst am Ende des letztern Monats trat Trockenheit ein und dauerte im Oktober fort. Es gab zwar wenig, aber guten Wein.

1826 war der Januar trocken und kalt, der Februar gelind, der März kalt, die erste Hälfte des Aprils mild, dann kam wieder rauhe Witterung, welche, mit Ausnahme der Tage vom 25. bis 31. Mai, in den Junius hinein dauerte, erst am 23. Junius trat rechte Sommerwitterung ein, im Julius wurde es heiß, am 8. dieses Monats hatten die Trauben abgeblüht. Der August war warm, ebenso der September, mit Ausnahme des 22. und 23., welche Nachtfröste brachten. Um die Mitte des Oktobers begann die Weinlese, welche sehr viel Wein lieferte, der im Allgemeinen zwar nur mittelmäßig war, im Keller jedoch sich besserte, auch wo man später und mit sorgfältiger Auslese las, sogleich ziemlich gut wurde.

1827 gab es einen ungewöhnlich strengen Winter, in welchem die meisten nichtbezogenen Reben erfroren, zu Ende des Februars trat schnell Thauwetter ein, welches Ueberschwemmungen verursachte. Im März wechselten Frost und Wärme, Schnee und Regen, im April und Mai war die Witterung günstig, doch richtete am 13. Mai ein heftiges Gewitter mit Hagel und Wolkenbruch im Rems- und Murrthal großen Schaden an. Im Junius blühten die Trauben, der Julius war ungewöhnlich warm, oft heiß, der August etwas zu naß und rauh, im September und Oktober aber kam wieder günstigere Witterung und es wuchs viel und guter Wein.

1828 gab es einen gelinden Winter, der März brachte noch einige ziemlich kalte Tage, gegen Ende des Aprils aber trat warme Frühlingswitterung ein und dauerte bis in den Mai und Junius, schon vor Ende des letzten Monats hatten die meisten Trauben abgeblüht. Der Julius war ziemlich naß, der August regnerisch, der September wie der Oktober warm. Der Ertrag der Weinlese war der größte seit langer Zeit, die Qualität des Weines aber mittelmäßig.

1829 war der Januar und Februar sehr kalt, in der zweiten Hälfte des Märzes wurde die Witterung milder, blieb aber kühl bis in die Mitte des Junius, wo größere Wärme eintrat, im Julius stieg die Hitze bis auf 25¼ Grad, am 8. und 12. August fand man bei Stuttgart reife Clevner Trauben. Hierauf aber bewirkten häufige Regen eine starke Erniedrigung der Temperatur, der September war sehr regenreich, erst in der zweiten Hälfte des Oktobers kam wieder trockene Witterung und am 16. dieses Monats eine Kälte, welche bis zu Ende des Jahres fortwährend zunahm. Da viele Trauben so wenig reiften, daß man sie gar nicht zur Weinbereitung brauchen konnte, fiel die Weinlese in Rücksicht auf Quantität und Qualität nur mittelmäßig aus.

1830 dauerte die strenge Kälte bis zum 7. Februar fort, so daß die nichtbezogenen Reben sämmtlich erfroren, am 8. dieses Monats trat Thauwetter ein, hierauf wechselten Regen und Schnee, zu Ende des meist trockenen Märzes kam warme Witterung, welche im April und Mai fortdauerte. Das Regenwetter im Julius schadete der Traubenblüthe sehr, auch litten die Reben in manchen Gegenden durch Gewitter mit Hagel. Vom 19. Julius an bis in die Mitte des Augusts herrschte trockene Witterung, dann aber wurde es regnerisch und erst in der Mitte des Oktobers bei wieder eingetretener Trockenheit begann man zu lesen und erhielt zwar wenig, aber ziemlich guten Wein.

1831 herrschte im Winter mit Ausnahme einiger weniger Tage nur mäßige Kälte, im Frühling und Sommer gab es viele in manchen Gegenden durch Hagel verderbliche Gewitter, auch regnete es, besonders im Junius, häufig, dabei war es zwar warm, kam aber nie zu einer höheren Sommerhitze. Erst um die Mitte des Septembers trat Trockenheit ein, die auch im Oktober fortdauerte und die Zeitigung der Trauben beförderte, so daß man noch einen in Rücksicht auf Quantität und Qualität wenigstens mittelmäßigen Wein bekam.

1832 war der Winter mäßig kalt mit wenig Schnee, der Winter kühl, am 15. Mai verderbte ein Frost die Reben in vielen Gegenden sehr, der Junius war regnerisch, im Julius gab es bedeutende Hitze, nach einigen Gewitterstürmen aber sank die Temperatur so sehr, daß es am 22. dieses Monats selbst in den tiefern Neckargegenden einen Reifen gab. Der August war trocken und warm, der September ebenso, jedoch mit meist sehr kühlen Nächten. Am 16. Oktober aber kam ein Frost, welcher in der Vegetation schnell einen Stillstand verursachte, so daß man die Weinlese beschleunigte, welche ebenfalls einen der Quantität und Qualität nach nur mittelmäßigen Wein lieferte. Der mindeste Preis für den Eimer wurde mit 3 Gulden zu Glems, Oberamts Urach, erlöst.

1833 herrschte im Januar trockene Winterkälte, am 27. dieses Monats trat Thauwetter ein, im Februar war die Witterung mild, im März etwas rauh, im April kühl, im Mai und Junius warm, am 22. letzteren Monats hatten die Trauben größtentheils verblüht. Der Julius und August aber brachten viel Regen und kühle, oft rauhe Witterung, erst mit der Tag- und Nachtgleiche wurde es wieder wärmer, und blieb es auch noch im Oktober, so daß noch ziemlich viel und ziemlich mittelmäßiger Wein wuchs.

1834 war ein durch Witterung und Fruchtbarkeit ausgezeichnetes Jahr. Im Winter herrschte milde Witterung mit vielem Regen, im Frühling wurde es zwar etwas rauher, in der zweiten Hälfte des Aprils aber begann die Wärme rasch zu steigen, schon im Mai hatte man vollkommene Sommertemperatur, um die Mitte dieses Monats begannen in milderen Gegenden die Trauben zu blühen, am 25. und 26. gab es einen Höhenrauch, auf den aber am 28. und 29. schädliche Reifen folgten. Hierauf nahmen Hitze und Trockenheit immer mehr zu, brachten aber auch Gewitter, welche da und dort die Reben beschädigten. In der zweiten Hälfte des Septembers erst nahm die Hitze allmälig ab, und noch der November brachte einen milden heitern Nachsommer. Schon am Ende des Julius fand man reife Trauben, in der zweiten Woche des Oktobers begann die Weinlese, welche einen durch Quantität und Qualität ausgezeichneten Ertrag lieferte.

1835 brachte der Winter mäßige, jedoch ziemlich anhaltende Kälte und wenig Schnee, der April war mild und schon um die Mitte des Mais trat Sommerwärme ein, die niedrige Temperatur in der Mitte des Junius bewirkte zwar einen sichtbaren Stillstand in der Vegetation, dann aber nahm die Wärme wieder fortwährend zu, erreichte im Julius ihren höchsten Grad und hielt bis in den September an. Am 13. Julius blühten die Trauben in allen bessern Lagen des Unterlands und am 22. dieses Monats war die Blüthe am untern Neckar meist vorüber. Die Gewitter waren zahlreich und theilweise von verheerendem Hagel begleitet. Im October wurde die Witterung regnerisch und stürmisch, an vielen Orten begannen die Trauben zu fanlen, und im letzten Drittel dieses Monats, wo man zu lesen anfing, trat Winterkälte mit Schnee ein. Man bekam guten und sehr viel Wein. Die Kälte nahm bis gegen das Ende des Jahres zu, so daß die nicht bezogenen Reben erfroren.

1836 wechselte im Januar und Februar Thauwetter mit starkem Frost, durch welchen besonders am 2. Januar die Reben sehr litten, das später einigemal eingetretene Glatteis beschädigte namentlich die bezogenen Weinstöcke. Ebenso wurden ihnen Fröste im März, wie am 2. und 27. April kalte Nächte verderblich. Während des Sommers herrschte starke Wärme, die jedoch einigemal durch von Gewittern herbeigeführte Abkühlung unterbrochen wurde. Den guten Verlauf der um Johannis begonnenen Traubenblüthe aber störten viele kleine Raupen, welche die Blüthe anfraßen und umspannen. Die rauhe, regnerische Witterung des Septembers hinderte das Reifen der Trauben, man schob daher, weil der Oktober warm war, die Weinlese bis zum 24. dieses Monats auf, und bekam zwar wenig, doch etwas bessern Wein, als man erwartet hatte. Im November und Dezember war die Witterung stürmisch und kalt, und es fiel eine ungewöhnliche Menge Schnee.

1837 folgte auf eine nicht besonders starke aber anhaltende Kälte ein später Frühling mit starkem Schneefall im März und April, der Mai war größtentheils kühl und regnerisch, erst im Junius schritten bei größerer Wärme und befruchtendem Regen die Reben rascher vorwärts und zu Ende dieses Monats begann die Traubenblüthe. Der Julius war kühl, der August warm, der September mild aber regnerisch, so daß die Trauben nicht zur rechten Zeitigung gelangen konnten. Man wartete daher mit der Weinlese bis zum Ende des Oktobers, wo es schon ziemlich kalt zu werden anfing, und erhielt zwar viel, aber sauern Wein.

1838 herrschte im Januar starke Kälte mit vielem Schnee, im März trat wieder mildere Witterung ein, der April aber war rauh und frostig, mit dem Mai kam zwar Wärme, schon nach einem Gewitter am 10. dieses Monats aber trat eine Kälte ein, welche den Reben sehr schabete, am 28. Mai und am 18. Junius gab es verderbliche Hagelwettter. In der zweiten Hälfte des Junius trat dann Sommerwärme ein, welche im Julius zunahm, so daß die Traubenblüthe rasch, doch nicht gleichförmig vorüberging. Die letzte Hälfte des Julius und der August waren regnerisch, der September brachte nur theilweise Wärme und eine am 8. Oktober eintretende starke Kälte bewirkte das Abfallen des Rebenlaubes, man fing daher am 18. zu lesen an, und bekam nur wenig und mittelmäßigen Wein.

1839 war der Winter kalt und schneereich, mit dem Ende des Aprils begann der Frühling, im Mai wechselten kühle und warme Tage mit einander, im Sommer folgte eine bedeutende und ziemlich anhaltende, nur hie und da durch Gewitter und Hagelfälle unterbrochene Wärme. Zu Ende des Junius blühten die Trauben, ihr Wachsthum aber gerieth während des kühlen Augusts ins Stocken; als hierauf wieder warme und feuchte Witterung eintrat, reiften sie zwar schnell, faulten aber auch. Um die Mitte des Oktobers begann die Weinlese, welche zwar ziemlich viel, aber nur mittelmäßigen Wein lieferte. Die milde Witterung dauerte bis zu Ende des Jahres fort.

1840 herrschte Anfangs, einige kalte Tage des Januars ausgenommen, milde Witterung, erst am 13. Februar trat Kälte ein, welche im März mit häufigem Schneefall fortdauerte. Mit dem April kam warme Frühlingswitterung, welche rasch zunahm. In den letzten Tagen des Mai's kühlten starke Gewitter die Luft wieder ab, auch im Junius und Julius gab es häufig Gewitter, der August brachte mäßige Wärme, die zweite Hälfte des Septembers war regnerisch, der Oktober rauh; nachdem Reifen das Laub und die noch unreifen Trauben weggenommen hatten, begann am 18. und 20. Oktober die Weinlese während starken Regenwetters, wegen dessen man sie auch an manchen Orten wieder einstellte; sie lieferte viel und mittelmäßigen Wein. Durch die starke Kälte im December litten die Reben sehr.

1841 dauerte die Kälte mit wenig Unterbrechungen durch Thauwetter bis gegen die Mitte des Märzes fort, hierauf begann milde Frühlingswitterung, welche sich im April zur Höhe der Sommerwärme steigerte. Im Junius führten häufige Gewitter eine Abkühlung herbei, welche der Traubenblüthe nachtheilig wurde, die Trauben bekamen den Brenner. Am 21. Julius richtete ein Gewittersturm mit Hagel im Neckar- und Remsthal Verheerungen an, der August und September waren warm, letzterer auch regnerisch, so daß die Trauben zu faulen anfingen und man im ersten Drittel des Oktobers mit der Weinlese beginnen mußte, welche wenig, doch ziemlich guten Wein lieferte.

1842 war ein außerordentlich trockenes Jahr, in welchem Quellen und Bäche versiegten. Der Januar, Februar und die erste Hälfte des Märzes waren kalt, der April war rauh, dann aber trat rasch steigende Wärme ein, die Reben fingen an zu treiben, schon um die Mitte des Mai's fand man blühende Trauben, zu Anfang des Junius war die Traubenblüthe allgemein und gieng schnell vorüber. Mit Ausnahme einiger kühlen Tage dauerte die Wärme bis zum September fort. Bei der allzugroßen Trockenheit aber blieb die Entwicklung der Trauben, je nach der Verschiedenheit der Sorten, mehr oder weniger zurück, die Schwarzwälschen vornehmlich standen im Wachsthum still, am vollkommensten wurden die Gutedel. Im September kamen fruchtbare Regen und nun machten die Trauben wieder schnelle Fortschritte, die früheren Sorten begann man noch im nämlichen Monat zu lesen und um die Mitte des Oktobers war die Weinlese beendigt. Sie lieferte ziemlich viel und recht guten Wein.

1843 brachten die drei ersten Monate stürmische und wechselnde Witterung, um die Mitte des Aprils wurde es wärmer, der Mai war regnerisch, der Junius kühl und die am 12. dieses Monats beginnende Traubenblüthe wurde sehr verzögert. Im Julius und August kühlten häufige Gewitter die Luft ab, die Trauben machten daher nur geringe Fortschritte, zu Ende des Augusts fand man noch wenig weiche Beeren; nach starkem Frost in der Mitte des Oktobers fiel das Land ab und die Trauben erfroren. Der Weinertrag war daher der Quantität nach mittelmäßig, in der Qualität schlecht.

1844 waren die drei ersten Monate im Ganzen rauh, mit häufigem Temperaturwechsel und nicht unbeträchtlichem Schneefall, in den Nächten des 10., 11. und 12. Märzes wütheten heftige Stürme mit Gewitter und Platzregen. Die warme Witterung im April, Mai und Junius begünstigte das Gedeihen der Reben und die Traubenblüthe begann vor Johannis. Hierauf aber folgte kühle, den Trauben nicht günstige Witterung, welche bis in den September dauerte. Die Weinlese fiel jedoch, da im Oktober günstigere Witterung eintrat, nicht so schlecht aus, als man befürchtet hatte; es gab wenig und mittelmäßigen Wein.

1845 stieg bei starkem Schneefall die Kälte auf einen hohen Grad, so daß die nicht bezogenen Reben erfroren. Erst im April, der sich durch große Feuchtigkeit auszeichnete, wurde es milder, der Mai war kühl und regnerisch, die Hitze im Junius und Julius wurde durch häufige Gewitter unterbrochen; dieser starke Temperaturwechsel war den Reben nachtheilig, auch litten sie durch Hagel. Im August kam günstigere Witterung, der September aber war kühl und es gab wieder nur wenig und mittelmäßigen Wein.

1846 war die erste Hälfte des Januars kalt, dann trat mildere Witterung ein und zu Ende des Februars Frühlingswärme, welche auch während des Märzes und Aprils fortdauerte, nur vom 27. bis 30. April wurden die Reben, besonders im Remsthal, am Fuß der Alb und bei Stuttgart durch Frost beschädigt. Der Sommer war heiß und trocken, die Traubenblüthe begann zu Anfang des Junius und ging schnell und gut vorüber. Im September noch herrschte Sommerwärme, man verschob daher in den meisten Gegenden die Weinlese bis in den Oktober und bekam ziemlich viel recht guten Wein.

1847 wechselte im Januar Frost mit gelinder Witterung, der März und April brachten zwar auch noch Kälte, waren jedoch größtentheils mild; im Mai trat Sommerwärme ein, wodurch die Entwicklung und das Wachsthum der Reben sehr gefördert wurde. Im Junius wurde die Wärme durch Gewitter abgekühlt, im Julius herrschte starke Hitze. In der zweiten Hälfte des Augusts aber kam nasse und später rauhe Witterung, welche mit geringen Ausnahmen bis zum Ende des Septembers fortdauerte. Hiedurch trat Stockung im Zeitigen der Trauben ein und obgleich im Oktober die Witterung wieder günstiger wurde, erhielt man einen sauern, aber viel Wein.

1848 war der Winter mäßig kalt, mit wenig Schnee, der März Anfangs frostig, am Ende mild, der April ziemlich warm; günstige Witterung im Mai und in der ersten Hälfte des Junius beförderten das rasche Wachsthum der Reben und die Traubenblüthe. In der zweiten Hälfte des Junius aber störte Regenwetter die Fortschritte derselben und der Julius und August brachten bei warmen Tagen kühle und frostige Nächte, der September und Oktober waren regnerisch, die Trauben fingen an zu faulen und es gab zwar viel, aber ziemlich mittelmäßigen Wein.

1849 war der Winter ziemlich gelind, der März und April waren frostig, zu Ende des Mai's trat Sommerwärme ein, welche mit fruchtbarem Regen auch im Junius fortdauerte und dem Gedeihen der Reben sehr förderlich war, zu Ende des Junius hatten die Trauben größtentheils schon abgeblüht. Der Julius und August aber brachten unbeständige, oft rauhe Witterung, die heißen Tage waren selten, die Nächte meist kühl, die Trauben zeitigten nur langsam und unvollkommen, und obwohl im September und Oktober günstigere Witterung eintrat, gab es zwar viel, aber nur mittelmäßigen Wein.

1850 litten im Januar bei anhaltender Kälte die unbezogenen Reben, der Februar zwar war ungewöhnlich mild, der Frühling aber, mit Ausnahme der ersten Hälfte des Aprils, kalt und dem Gedeihen der Reben sehr ungünstig. Im Sommer bewirkten häufige Regen und Gewitter starke Abkühlungen, warme Tage gab es selten, warme Nächte aber beinahe gar nicht. Die Trauben blühten daher einige Wochen später als gewöhnlich und sehr ungleich, und gelangten, da auch im September die Witterung nicht günstiger wurde, in geringeren Lagen gar nicht, in besseren nur theilweise und unvollkommen zur Reife. Die Weinlese begann, nach einem Schneefall, erst in den letzten Wochen des Oktobers, und lieferte wenig und schlechten Wein.

1851 folgte auf einen ziemlich gelinden Winter im März empfindliche Kälte, der April war größtentheils mild, nur gegen das Ende hin regnerisch, der Mai schadete durch Kälte den Reben; die Traubenblüthe verging zwar bei günstiger Witterung im Junius gut, im Julius und August aber kühlten häufige Regenniederschläge und Gewitter die Luft stark ab; am 31. August verbreitete sich ein Gewitter mit Wolkenbruch über einen großen Theil Württembergs und richtete durch Abflößen des Bodens auch in den Weinbergen Schaden an. Der September war kalt und regnerisch und es gab sehr wenig und sauern Wein.

1852 ließ der im Januar eingefallene Frost zwar bald wieder nach, wiederholte sich aber im Februar und dauerte auch den März hindurch fort; dadurch wurden viele Reben, welche unreif in den Winter gekommen waren, zerstört und mußten abgeschnitten werden. Der April war kühl, im Mai und Junius herrschte, nur durch von Gewittern herbeigeführte Abkühlung unterbrochene, Sommerwitterung, der Julius war beständig warm, die Blüthe der Trauben ging gut vorüber, die vielen Regentage im August und September jedoch hinderten ihre Zeitigung und sie faulten auch theilweise. Ein Sturm am 5. Oktober lähmte die Traubenstiele und die Zeitigung gerieth ganz in's Stocken; es gab nur wenig und ziemlich sauren Wein.

1853 war der Winter mild und sehr schneearm, zu Anfang des Februars aber trat Kälte mit reichlichem Schneefall ein und dauerte beinahe den ganzen März hindurch. Vom April bis Junius war die Witterung bei niederer Temperatur regnerisch, erst der Julius brachte Sommerwärme, welche aber durch Gewitter und Regengüsse unterbrochen wurde. Die Blüthe der Trauben fiel in die erste Hälfte dieses Monats, die Wärme des Augusts beförderte ihr Wachsthum, während der rauhen Witterung im September aber reiften sie nur langsam und ungleich, in einigen Gegenden stellte sich bei ihnen auch die sogenannte Traubenkrankheit ein. Der September und Oktober waren zwar mild, zur vollen Reife aber kamen die Trauben auch jetzt nicht und lieferten wenig und nur mittelmäßigen Wein.

1854 trat im Januar zweimal (den 5. und 26.) Thauwetter ein, im Februar folgte wieder Frost mit Schnee, im März wechselte kalte und milde Witterung, am 25. und 26. April aber richteten Nachtfröste bedeutenden Schaden unter den Reben an, auch im Mai und Junius litten dieselben durch vorherrschende nasse und rauhe Witterung, die Trauben blühten erst um die Mitte des Julius und zwar ungleich. Mit diesem Monat aber trat warme Witterung ein und dauerte bis in den Oktober fort, in dessen letzten Tagen die Weinlese begann, die zwar sehr wenig, aber ziemlich guten Wein lieferte.

1855 begann in der zweiten Hälfte des Januars anhaltender Winterfrost mit Schnee und dauerte beinahe ununterbrochen den ganzen Februar hindurch. Auch der März war noch kalt, erst als im April wärmere Witterung eintrat, machten die Reben Fortschritte, wurden aber durch die Fröste am 22., 23., 24. und 29. April beschädigt. Der Mai war Anfangs frostig, am 21. erst trat anhaltende Sommerwärme ein, um die Mitte des Junius begannen die Trauben zu blühen und hatten zu Ende des Monats ganz abgeblüht. Auch im Julius war die Witterung ihnen günstig, die vielen Regentage im August verzögerten ihre Zeitigung; günstiger war ihnen die Witterung im September, der aber vom 26. bis 28. rauhen, schädlichen Frost brachte, und im Oktober; die Weinlese begann um die Mitte des letztern Monats, man bekam wenig, aber guten Wein.

1856 waren die drei ersten Monate meist frostig, mit wenig milderen Tagen, im April kam wärmere Witterung, doch von häufiger Abkühlung durch Gewitterregen unterbrochen, der kühle Mai brachte Morgenfröste, der regnerische Junius wirkte nachtheilig auf die Traubenblüthe, welche sich daher bis in die Mitte des Julius verzögerte, die Trauben fielen häufig ab und bekamen in manchen Gegenden den Brenner, im August und September kühlten ebenfalls Regen und Gewitter die Luft ab; erst um die Mitte des Oktobers kam trockene Witterung und als am Ende des Monats Frost eintrat, begann man zu lesen. Im Allgemeinen gab es wenig, doch guten Wein; in Betreff der Quantität jedoch herrschte ein großer Unterschied, man bekam in einigen Gegenden vom Morgen 3 bis 4 Eimer, in andern kaum so viel Imi.

1857 herrschte vom 25. Januar bis Ende Februars ziemlich anhaltende Kälte, um die Mitte des Märzes wurde es wärmer und der April war ohne Frost. Im Mai trat Sommerwärme ein und dauerte, durch Gewitterregen wenig unterbrochen, bis in den Julius fort. Die Reben machten daher rasche Fortschritte und mit dem Schluß des Junius hatten die Trauben abgeblüht. In ihrer Entwicklung bewirkte zwar die anhaltende Trockenheit einigen Stillstand, das Regenwetter vom 5. bis 11. August aber beförderte sie sehr und schon zu Anfang des Septembers gab es nicht wenig reife Trauben. Die günstige Witterung dauerte fort, schon in der ersten Hälfte des Oktobers begann man zu lesen und erhielt viel und sehr guten Wein.

1858 dauerte die winterliche Witterung mit Frost und Schnee bis in den März, der April war warm und trocken, der Mai Anfangs kühl und trüb, dann aber warm. Am 12. Junius begann bei drückender Hitze die Traubenblüthe und nahm einen raschen Verlauf. Im Julius, August und September dauerte die durch Regen etwas gemilderte Sommerwärme fort und die Reben machten erfreuliche Fortschritte. Im Oktober nahm die Wärme ab, und in den letzten Tagen desselben fiel Frost ein. Die Weinlese begann am 12. und 13. Oktober und lieferte sehr viel und guten Wein.

1859 folgte auf ziemliche Winterkälte bald gelinde Witterung, der März war warm, um die Mitte des Aprils litten die Reben durch einige Fröste, hierauf aber nahm die Wärme wieder zu. Der regnerische Junius schadete der Traubenblüthe, im Julius und August aber kam wieder anhaltende Wärme und Trockenheit, die jedoch bei den Trauben den Brenner erzeugte. Gegen Ende des Augusts beschleunigten warme Regen deren Zeitigung; häufige Regen im Herbst aber beförderten in manchen Gegenden auch die Süßfäule bei ihnen. Es gab ziemlich viel und guten Wein.

1860 ward der Winter mild und schneearm, nur vom 13. bis 15. Februar herrschte größere Kälte, der März und April waren frostig, im letztern Monat schneite es auch viel, erst im Mai wurde es warm, der Sommer und Herbst aber brachten regnerische, dem Gedeihen der Reben sehr nachtheilige Witterung; es wuchs nur wenig und mittelmäßiger Wein.

1861 stieg im Januar die Kälte bei starkem Schneefall auf einen hohen Grad und richtete auch in den Weingärten bedeutenden Schaden an, am 21. dieses Monats trat Thauwetter mit Regen und Stürmen ein, worauf im Februar milde und trockene Witterung folgte. Im März fiel nach einigen Gewittern eine große Menge Schnee und zu Ende dieses Monats trat Wärme mit heftigen Gewittern ein. Der April war trocken, durch scharfe Ostwinde und Morgenfröste (den 19. bis 21.) den Reben schädlich. Im Mai wechselten Wärme und Kälte mit einander, zugleich begann jetzt eine Periode heftiger Gewitter, welche durch Wolkenbrüche, Platzregen, orkanartige Stürme und Hagel großen Schaden anrichteten und erst um die Mitte des Septembers aufhörten. Um die Mitte des Oktober begann die Weinlese, welche zwar nur wenig, aber ziemlich guten Wein lieferte.

1862 trat nach mehrmaligem Wechsel zwischen Frost und Thauwetter zu Ende des Januars ein sehr heftiger Landregen mit warmen Winden ein, welcher das Austreten der Flüsse verursachte. Am 31. Januar stieg die Wärme auf $9^{1}/_{3}$ Grad. Bald jedoch sprang der Wind wieder um und brachte am 9. Februar ziemliche Kälte, am 19. dieses Monats trat Thauwetter ein. Der März war sehr heiter und mild, am 12. April aber kam wieder trockene Kälte, erst um die Mitte Mai's Regen mit starker Wärme, worauf die Trauben zu blühen begannen. Der Junius brachte veränderliche Witterung mit einigem Hagel, der Julius starke Hitze, welche einigemal durch weit verbreitete Gewitter mit Stürmen, Wolkenbruch und Hagel, die vielen Schaden anrichteten, unterbrochen wurde. Im August stellte sich auch die Traubenkrankheit ein, hauptsächlich beim rothen Gewächs, nur ausnahmsweise auch beim weißen, hörte aber schon um die Mitte dieses Monats wieder auf. Der September war Anfangs trüb und neblicht, in seiner zweiten Hälfte aber beförderte warme Witterung mit Regen die Zeitigung der Trauben, frühreife Sorten wurden in einigen Gegenden noch zu Ende dieses Monats gelesen, zu Anfang des Oktobers aber begann die allgemeine Weinlese. Es wuchs viel und guter Wein.

1863 folgte auf ein Gewitter mit heftigem Sturm am 20. Januar ungewöhnlich milde Witterung, im März wech=

selten Frost, Schnee und Regen häufig, der April war trocken und warm und die Wärme nahm fortwährend zu, bis zum 20. Mai, wo anhaltendes Regenwetter begann. Diese naßkalte Witterung dauerte bis zum 22. Junius, von da an wurde es warm und trocken bis zu Ende des Julius, worauf heftige Stürme, Gewitter und Regen folgten. Der August brachte große Hitze und Trockenheit, erst am 27. dieses Monats trat ein Landregen ein, welcher beinahe eine Woche dauerte. Der September war größtentheils regnerisch, trüb und kühl, wärmer und heiterer der Oktober; die Weinlese, durch diese Witterung begünstigt, begann den 29. dieses Monats und lieferte ziemlich viel und ziemlich guten Wein.

1864 waren der Januar und Februar kalt, besonders der Frost am 28. und 29. Januar schadete den Reben sehr, viele älteren Stöcke wurden siech. Auf einen warmen März folgte ein unfreundlicher, stürmischer und trockener April, im Mai kam nach mehreren Sommertagen am 20. eine starke Abkühlung und am 25. ein Frost, durch den besonders die Reben im niedern Feld sehr litten. Im Junius gab es einige schädliche Hagelwetter und am 26. und 27. trat wieder Kälte ein. Die Traubenblüthe verlief daher ungleich und dauerte bis in den Julius. Der August brachte starke Hitze, in der Nacht vom 23. auf den 24. aber richtete ein orkanartiger Sturm auch in den Weingärten Schaden an. Die Wärme des Septembers wurde mehrmals durch plötzliche Abkühlungen unterbrochen und die vom 22. dieses Monats an bis gegen die Mitte des Oktobers wehenden scharfen Nord- und Ostwinde, vornehmlich der am 3. Oktober eintretende Frost, hinderten nicht nur die gehörige Entwicklung der Trauben, sondern auch die Zeitigung des Rebholzes, was noch auf den Weinertrag des nächsten Jahres ungünstig einwirkte. Um die Mitte des Oktobers begann die Weinlese, welche einen geringen Ertrag lieferte, der auf die besseren Lagen, namentlich des mittleren und obern Felds und auf die frühe zur Reife gekommenen Trauben beschränkt blieb, was jedoch auch bewirkte, daß man einen mittelmäßigen, hie und da selbst ziemlich guten Wein bekam.

1865 trat im Januar, wenige Tage ausgenommen, mäßige Kälte ein und Regen wechselte mit Schnee, auf einen lauen

Wind kam am 25. schnell Thauwetter, zu Ende des Monats aber wurde es wieder kälter. Im Februar nahm die Kälte zu, besonders nach einem starken Schneefall am 9. und 10. In den ersten Tagen des Märzes regnete es viel, begann jedoch schon am 4. wieder zu schneien. Die Kälte stieg bei fortwährendem Schneefall und erreichte am 21. März ihren höchsten Grad (10° unter Null). Am Ende dieses Monats bedeckten große Schneemassen den Boden, gingen jedoch im April ohne viel Schaden ab. Denn mit diesem Monat trat sogleich Sommerwärme ein, durch Regen nur sehr wenig unterbrochen und stieg bis auf 22. Grad. Am 1. Mai aber gab es einen Reifen, der die Reben, welche schon bedeutende Fortschritte gemacht hatten, stark beschädigte. Nicht wenigen Schaden richtete in einem großen Bezirk vom Neckar bis zu der Tauber ein am 9. dieses Monats ausgebrochenes Gewitter mit Hagel, wolkenbruchähnlichem Regen und orkanartigem Sturm an. Doch blieb es fortwährend sehr warm, am 18. und 19. Mai fand man schon blühende Trauben; erquickende Regen zu Ende dieses Monats und zu Anfang des Juniusbewirkten, daß schon am 5. des letztern Monats die Blüthe allgemein war. Am 15. Junius hatten, trotz einiger kühlen Tage und kalten Nächte, schon fast alle Trauben abgeblüht. Der heißeste Monat war der Julius, am 21. desselben stieg die Hitze auf 29 Grade. Er brachte aber auch mehrere Gewitter, theilweise mit Stürmen und schädlichem Hagel. Im August, welcher 7 Regentage zählte, nahm die Hitze etwas ab, erreichte jedoch am 18. auch noch 27 Grade. Der September zeichnete sich ebenfalls durch Wärme *) und durch große Trockenheit aus. Zu Ende dieses Monats begann man zu lesen und am 2. Oktober fing die allgemeine Weinlese an, welche zwar wenig, aber einen ausgezeichnet guten Wein lieferte, der den Eilfer an Stärke noch übertrifft, ob auch an Lieblichkeit, wird die Zeit lehren.

---

*) In Stuttgart zählte man bis zum 18. September 100 Sommertage (in denen die Wärme 20 Grade erreichte), die meisten (26) im Julius, in Heilbronn während derselben Zeit 76 (im Julius 23).

Ueberſicht

der einzelnen Jahrgänge in Rückſicht auf die Quantität und Qualität des Wein-Ertrags nach der Zeitfolge.

Jahr.	Qualität und Quantität.	Jahr.	Qualität und Quantität.
696	wenig.	1191	wenig.
764	wenig.	1194	wenig.
802	wenig.	1217	ſehr viel.
820	wenig und ſauer.	1219	wenig.
828	viel.	1224	wenig.
860	wenig.	1225	wenig.
882	viel und gut.	1236	ſehr viel und ziemlich gut.
968	wenig.	1237	wenig.
1043	wenig und ſauer.	1243	viel.
1057	wenig.	1244	viel.
1063	wenig.	1245	viel.
1070	ſehr viel.	1250	wenig.
1077	wenig.	1253	wenig und ſauer.
1091	viel und gut.	1254	wenig und ſauer.
1111	viel und gut.	1255	wenig.
1125	ſehr wenig.	1256	viel und gut.
1138	ſehr viel.	1259	viel und gut.
1140	ſehr viel.	1260	viel und gut.
1146	ſehr wenig.	1266	viel und gut.
1152	ſehr viel.	1270	viel und gut.
1163	wenig.	1271	viel und gut.
1165	wenig.	1272	wenig und ſehr ſchlecht.
1174	wenig.	1274	viel und gut.
1181	viel.	1275	wenig und ſehr ſchlecht.
1182	viel.	1276	viel und gut.
1183	viel.	1277	viel und gut.
1186	viel.	1278	viel und gut.
1187	wenig.	1279	viel und gut.
1188	viel.	1280	viel und gut.
1189	viel.	1283	wenig.

Jahr.	Qualität und Quantität.	Jahr.	Qualität und Quantität.
1284	viel und gut.	1374	wenig.
1287	viel und gut.	1378	wenig.
1288	wenig.	1382	wenig und sauer.
1289	wenig.	1383	viel und gut.
1290	viel und gut.	1384	viel und gut.
1293	wenig und sehr gut.	1386	sehr viel und gut.
1294	wenig und sehr gut.	1387	viel und gut.
1297	viel und mittelmäßig.	1393	wenig und sauer.
1302	wenig und sauer.	1394	viel und sehr gut.
1303	viel und sehr gut.	1398	viel und mittelmäßig.
1306	wenig und schlecht.	1400	wenig.
1310	wenig und schlecht.	1401	wenig.
1311	wenig und schlecht.	1402	wenig.
1312	wenig und schlecht.	1403	wenig.
1313	wenig und schlecht.	1404	wenig.
1314	wenig und schlecht.	1405	wenig.
1315	wenig und schlecht.	1406	wenig.
1316	wenig und schlecht.	1407	sehr wenig.
1317	wenig und schlecht.	1411	viel und mittelmäßig.
1318	viel und gut.	1418	wenig und sauer.
1319	viel und gut.	1419	wenig.
1320	wenig und schlecht.	1420	viel und gut.
1323	wenig.	1421	viel und gut.
1325	ziemlich viel und sauer.	1422	viel und gut.
1328	viel und sehr gut.	1423	viel und gut.
1330	sehr wenig und sauer.	1424	viel und gut.
1333	viel und sehr gut.	1425	viel und gut.
1335	wenig und sauer.	1426	viel und gut.
1336	ziemlich viel.	1427	viel und gut.
1338	wenig.	1428	viel und gut.
1339	wenig.	1429	wenig und sauer.
1340	wenig.	1430	wenig und schlecht.
1343	wenig.	1431	sehr viel und gut.
1347	wenig.	1432	sehr wenig und sauer.
1355	wenig.	1433	wenig und schlecht.
1357	wenig und sauer.	1434	sehr wenig und schlecht.
1368	sehr viel.	1435	wenig und schlecht.
1370	wenig und sauer.	1436	wenig.
1372	viel und gut.	1437	wenig und sehr gut.
1373	viel und gut.	1438	wenig.

Jahr.	Qualität und Quantität.	Jahr.	Qualität und Quantität.
1439	viel und gut.	1484	sehr viel und gut.
1441	wenig.	1485	wenig und sauer.
1442	sehr viel und sehr gut.	1486	wenig und gut.
1443	wenig und sauer.	1487	wenig und mittelmäßig.
1445	viel und sehr gut.	1488	ziemlich viel und sauer.
1446	ziemlich viel u. zieml. gut.	1489	wenig und sauer.
1447	wenig und sauer.	1490	wenig und schlecht.
1448	viel und gut.	1491	sehr wenig und sauer.
1450	viel und gut.	1492	wenig und sauer.
1453	wenig und sauer.	1493	ziemlich wenig und gut.
1454	ziemlich viel und schlecht.	1494	sehr viel und gut.
1455	wenig und sauer.	1495	viel und gut.
1456	wenig und sauer.	1496	ziemlich viel und gut.
1457	ziemlich viel u. mittelmäßig.	1497	viel und gut.
1458	wenig und mittelmäßig.	1498	wenig und sauer.
1459	wenig und sauer.	1499	viel und gut.
1460	wenig u. sehr mittelmäßig.	1500	wenig und gut.
1461	ziemlich viel und gut.	1501	wenig und sauer.
1462	zieml. wenig u. mittelm.	1502	viel und mittelmäßig.
1463	zieml. wenig u. mittelmäßig	1503	viel und gut.
1464	wenig und gut.	1504	viel und gut.
1465	viel und gut.	1505	wenig und gut.
1466	wenig und sauer.	1506	wenig und gut.
1467	viel und sehr gut.	1507	viel und ziemlich sauer.
1468	beide mittelmäßig.	1508	beide mittelmäßig.
1469	wenig und sauer.	1509	viel und gut.
1470	viel und gut.	1510	viel und gut.
1471	wenig und sehr gut.	1511	wenig und sauer.
1472	viel und sehr gut.	1512	sehr wenig und sauer.
1473	viel und sehr gut.	1513	wenig und gut.
1474	wenig und gut.	1514	viel und gut.
1475	viel und gut.	1515	viel und sauer.
1476	viel und gut.	1516	wenig und sehr gut.
1477	beide mittelmäßig.	1517	sehr wenig und sehr schlecht.
1478	viel und gut.	1518	wenig und sehr gut.
1479	ziemlich wenig und gut.	1519	viel und gut.
1480	wenig und gut.	1520	wenig und sauer.
1481	wenig und sauer.	1521	viel und gut.
1482	sehr viel und gut.	1522	wenig und gut.
1483	viel und gut.	1523	viel und gut.

Jahr.	Quantität und Qualität.	Jahr.	Quantität und Qualität.
1524	wenig und schlecht.	1564	sehr wenig und sauer.
1525	wenig und gut.	1565	wenig und sauer.
1526	wenig und sauer.	1566	ziemlich viel und sauer.
1527	wenig und sehr sauer.	1567	viel und gut.
1528	viel und gut.	1568	wenig und sauer.
1529	wenig und sehr sauer.	1569	sehr wenig und sauer.
1530	wenig und gut.	1570	wenig und sauer.
1531	ziemlich viel und gut.	1571	wenig und sauer.
1532	viel und gut.	1572	wenig und sehr gut.
1533	wenig und schlecht.	1573	sehr wenig und sehr sauer.
1534	wenig und gut.	1574	wenig und sauer.
1535	viel und gut.	1575	viel und sehr gut.
1536	ziemlich viel und sehr gut.	1576	wenig und sehr gut.
1537	wenig und gut.	1577	wenig und sauer.
1538	wenig und sauer.	1578	ziemlich viel u. sehr gut.
1539	sehr viel und gut.	1579	viel und sauer.
1540	sehr viel und sehr gut.	1580	wenig und sauer.
1541	wenig und gut.	1581	wenig und sauer.
1542	wenig und sauer.	1582	viel und ziemlich sauer.
1543	wenig und sehr gut.	1583	sehr viel und gut.
1544	wenig und mittelmäßig.	1584	sehr viel und gut.
1545	viel und gut.	1585	wenig und schlecht.
1546	viel und gut.	1586	wenig und sauer.
1547	viel und gut.	1587	wenig und sauer.
1548	ziemlich viel u. mittelmäßig.	1588	wenig und mittelmäßig.
1549	wenig und mittelmäßig.	1589	wenig und sauer.
1550	viel und sehr gut.	1590	wenig und sehr gut.
1551	viel und gut.	1591	wenig und sauer.
1552	viel und sehr gut.	1592	wenig und mittelmäßig.
1553	ziemlich viel u. ziemlich gut.	1593	wenig und gut.
1554	wenig und sauer.	1594	wenig und sauer.
1555	wenig und ziemlich sauer.	1595	ziemlich viel und sauer.
1556	wenig und ziemlich sauer.	1596	ziemlich viel und sehr gut.
1557	wenig und ziemlich sauer.	1597	wenig und sehr sauer.
1558	viel und gut.	1598	wenig und schlecht.
1559	wenig und sauer.	1599	viel und sehr gut.
1560	beide mittelmäßig.	1600	wenig und sauer.
1561	wenig und sauer.	1601	wenig und sauer.
1562	sehr wenig und gut.	1602	sehr wenig und sehr sauer.
1563	ziemlich viel und sauer.	1603	ziemlich viel und gut.

Jahr.	Quantität und Qualität.	Jahr.	Quantität und Qualität.
1604	viel und sauer.	1644	wenig und sehr gut.
1605	viel und gut.	1645	sehr viel und sehr gut.
1606	sehr wenig und sauer.	1646	wenig und gut.
1607	sehr wenig und gut.	1647	viel und gut.
1608	wenig und sauer.	1648	wenig und sauer.
1609	wenig und sauer.	1649	wenig und sauer.
1610	viel und sehr gut.	1650	wenig und ziemlich gut.
1611	ziemlich viel und sauer.	1651	ziemlich viel u. mittelmäßig.
1612	wenig und gut.	1652	viel und gut.
1613	ziemlich viel und sauer.	1653	viel und gut.
1614	wenig und sauer.	1654	viel und sehr gut.
1615	wenig und sehr gut.	1655	sehr viel und sehr gut.
1616	wenig und sehr gut.	1656	beide mittelmäßig.
1617	sehr viel und sehr sauer.	1657	wenig und sauer.
1618	beide mittelmäßig.	1658	wenig und sauer.
1619	wenig und gut.	1659	ziemlich viel u. mittelmäßig.
1620	wenig und ziemlich gut.	1660	viel und gut.
1621	wenig und sauer.	1661	ziemlich viel u. mittelmäßig.
1622	beide mittelmäßig.	1662	wenig und sauer.
1623	wenig und sauer.	1663	wenig und sauer.
1624	ziemlich viel und gut.	1664	wenig und sauer.
1625	beide mittelmäßig.	1665	ziemlich viel u. mittelmäßig.
1626	wenig und ziemlich gut.	1666	viel und gut.
1627	wenig und sauer.	1667	wenig und ziemlich gut.
1628	wenig und sehr sauer.	1668	viel und ziemlich gut.
1629	viel und gut.	1669	wenig und gut.
1630	viel und sehr gut.	1670	ziemlich viel und gut.
1631	sehr viel und sehr gut.	1671	wenig und sauer.
1632	wenig und sauer.	1672	viel und gut.
1633	sehr wenig und sauer.	1673	ziemlich viel u. mittelmäßig.
1634	viel und gut.	1674	wenig und gut.
1635	wenig und sauer.	1675	wenig und sauer.
1636	ziemlich viel und gut.	1676	viel und gut.
1637	sehr viel und gut.	1677	beide mittelmäßig.
1638	wenig und gut.	1678	viel und gut.
1639	ziemlich viel und sauer.	1679	viel und sauer.
1640	ziemlich viel und sauer.	1680	viel und gut.
1641	wenig und sauer.	1681	wenig und sehr gut.
1642	wenig und gut.	1682	viel und sauer.
1643	wenig und mittelmäßig.	1683	viel und gut.

Jahr.	Quantität und Qualität.	Jahr.	Quantität und Qualität.
1684	viel und gut.	1724	viel und sehr gut.
1685	wenig und sauer.	1725	ziemlich viel und sauer.
1686	wenig und gut.	1726	wenig und ziemlich gut.
1687	viel und sauer.	1727	viel und gut.
1688	beide mittelmäßig.	1728	viel und sehr gut.
1689	wenig und mittelmäßig.	1729	wenig und mittelmäßig.
1690	ziemlich viel u. mittelmäßig.	1730	wenig u. sehr mittelmäßig.
1691	wenig und mittelmäßig.	1731	ziemlich viel und gut.
1692	wenig und schlecht.	1732	wenig und schlecht.
1693	sehr wenig und ziemlich gut.	1733	wenig und mittelmäßig.
1694	beide mittelmäßig.	1734	wenig und mittelmäßig.
1695	wenig und mittelmäßig.	1735	wenig und ziemlich mittelm.
1696	sehr wenig u. ziemlich gut.	1736	ziemlich viel u. zieml. gut.
1697	wenig u. sehr mittelmäßig.	1737	wenig und ziemlich gut.
1698	wenig und sauer.	1738	wenig und sehr gut.
1699	wenig und ziemlich gut.	1739	sehr viel u. zieml. mittelm.
1700	wenig und gut.	1740	sehr wenig und sehr schlecht.
1701	viel und gut.	1741	wenig und ziemlich gut.
1702	viel und mittelmäßig.	1742	ziemlich viel und sauer.
1703	viel und ziemlich gut.	1743	wenig und gut.
1704	wenig und sehr gut.	1744	wenig und gut.
1705	wenig und ziemlich gut.	1745	wenig und gut.
1706	viel und sehr gut.	1746	ziemlich viel und sehr gut.
1707	viel und sehr gut.	1747	wenig und ziemlich gut.
1708	sehr wenig u. mittelmäßig.	1748	ziemlich viel u. ziem. gut.
1709	sehr wenig und schlecht.	1749	wenig und gut.
1710	beide mittelmäßig.	1750	wenig und gut.
1711	viel und ziemlich gut.	1751	ziemlich viel u. mittelmäßig.
1712	viel und gut.	1752	ziemlich viel und gut.
1713	sehr wenig und schlecht.	1753	ziemlich viel und sehr gut.
1714	wenig und schlecht.	1754	ziemlich wenig und sauer.
1715	sehr wenig und gut.	1755	wenig und gut.
1716	wenig und mittelmäßig.	1756	wenig und mittelmäßig.
1717	ziemlich viel und gut.	1757	wenig und mittelmäßig.
1718	viel und sehr gut.	1758	wenig und mittelmäßig.
1719	viel und sehr gut.	1759	ziemlich viel und gut.
1720	ziemlich viel u. ziemlich gut.	1760	viel und sehr gut.
1721	wenig und mittelmäßig.	1761	ziemlich viel u. zieml. gut.
1722	viel und gut.	1762	ziemlich viel u. zieml. gut.
1723	wenig und ziemlich gut.	1763	wenig und sehr schlecht.

Jahr.	Quantität und Qualität.	Jahr.	Quantität und Qualität.
1764	beide mittelmäßig.	1804	ziemlich viel u. ziemlich gut.
1765	beide mittelmäßig.	1805	sehr wenig und sauer.
1766	viel und sehr gut.	1806	ziemlich viel u. mittelmäßig.
1767	wenig und schlecht.	1807	viel und gut.
1768	wenig und mittelmäßig.	1808	viel und mittelmäßig.
1769	wenig und schlecht.	1809	mittelmäßig und schlecht.
1770	wenig und schlecht.	1810	wenig und mittelmäßig.
1771	wenig und mittelmäßig.	1811	sehr viel und sehr gut.
1772	viel und mittelmäßig.	1812	ziemlich viel u. mittelmäßig.
1773	wenig und mittelmäßig.	1813	wenig und schlecht.
1774	ziemlich wenig u. zieml. gut.	1814	sehr wenig und sauer.
1775	beide mittelmäßig.	1815	wenig und mittelmäßig.
1776	wenig und schlecht.	1816	sehr wenig und sehr sauer.
1777	ziemlich wenig und sehr gut.	1817	wenig und schlecht.
1778	mittelmäßig u. zieml. gut.	1818	ziemlich viel und sehr gut.
1779	mittelmäßig und gut.	1819	viel und gut.
1780	ziemlich viel u. ziemlich gut.	1820	wenig und schlecht.
1781	ziemlich viel und gut.	1821	wenig und sehr schlecht.
1782	ziemlich viel u. mittelmäßig.	1822	viel und sehr gut.
1783	viel und sehr gut.	1823	ziemlich viel und schlecht.
1784	ziemlich viel u. mittelmäßig.	1824	sehr wenig und schlecht.
1785	wenig und schlecht.	1825	wenig und gut.
1786	wenig und mittelmäßig.	1826	sehr viel und mittelmäßig.
1787	wenig und ziemlich gut.	1827	viel und gut.
1788	sehr viel und gut.	1828	sehr viel und mittelmäßig.
1789	wenig und mittelmäßig.	1829	beide mittelmäßig.
1790	ziemlich viel u. ziemlich gut.	1830	wenig und ziemlich gut.
1791	wenig u. sehr mittelmäßig.	1831	beide mittelmäßig.
1792	wenig und sauer.	1832	beide mittelmäßig.
1793	ziemlich viel und gut.	1833	zieml. viel u. zieml. mittelm.
1794	viel und gut.	1834	sehr viel und sehr gut.
1795	wenig und gut.	1835	sehr viel und gut.
1796	beide mittelmäßig.	1836	wenig und mittelmäßig.
1797	beide mittelmäßig.	1837	viel und sauer.
1798	ziemlich viel und gut.	1838	wenig und mittelmäßig.
1799	wenig und schlecht.	1839	ziemlich viel u. mittelmäßig.
1800	wenig und gut.	1840	viel und mittelmäßig.
1801	viel und mittelmäßig.	1841	wenig und ziemlich gut.
1802	sehr viel und gut.	1842	ziemlich viel und sehr gut.
1803	beide mittelmäßig.	1843	mittelmäßig und schlecht.

Jahr.	Quantität und Qualität.	Jahr.	Quantität und Qualität.
1844	wenig und mittelmäßig.	1855	wenig und gut.
1845	wenig und mittelmäßig.	1856	wenig und gut.
1846	ziemlich viel und sehr gut.	1857	viel und sehr gut.
1847	viel und sauer.	1858	sehr viel und gut.
1848	viel u. zieml. mittelmäßig.	1859	ziemlich viel und gut.
1849	viel und mittelmäßig.	1860	wenig und mittelmäßig.
1850	ziemlich wenig und sauer.	1861	wenig und ziemlich gut.
1851	sehr wenig und sauer.	1862	viel und gut.
1852	wenig und ziemlich sauer.	1863	ziemlich viel u. zieml. gut.
1853	wenig und mittelmäßig.	1864	wenig und mittelmäßig.
1854	sehr wenig und ziemlich gut.	1865	wenig und sehr gut.

In der vorstehenden Uebersicht ist von 565 Jahren die Quantität des Weines angegeben. Es wuchs:

sehr viel Wein . . . . in 31 Jahren.
viel . . . . „ 147 „
ziemlich viel . . . . . „ 64 „
mittelmäßig . . . . . „ 26 „
ziemlich wenig . . . . „ 8 „
wenig . . . . „ 259 „
sehr wenig . . . . . „ 30 „

Die Qualität des Weines konnte nur von 513 Jahren angegeben werden. Der Wein war:

sehr gut . . . . . . in 61 Jahren.
gut . . . . „ 162 „
ziemlich gut . . . . . „ 35 „
ziemlich mittelmäßig . . „ 4 „
mittelmäßig . . . . . „ 83 „
sehr mittelmäßig . . . „ 4 „
ziemlich schlecht . . . „ 5 „
schlecht . . . . . . „ 143 „
sehr schlecht . . . . . „ 16 „

Seit 1453 kann die Quantität und Qualität des Wein-Ertrags von einem jeden Jahrgang angegeben werden, hienach wird dieselbe nun für jedes Jahrhundert einzeln angeführt, jedoch nur nach drei Hauptrubriken: **viel, mittelmäßig und wenig** in Rücksicht auf die Quantität und nach drei Hauptrubriken: **gut, mittelmäßig und schlecht** in Rücksicht auf die Qualität, wobei die Nebenrubriken: sehr viel, ziemlich viel u. s. w., sehr gut, ziemlich gut u. s. w. in den Hauptrubriken enthalten sind.

Der Quantität nach.	Viel.			Mittelmäßig.			Wenig.		
Der Qualität nach.	Gut.	Mittelmäßig.	Schlecht.	Gut.	Mittelmäßig.	Schlecht.	Gut.	Mittelmäßig.	Schlecht.
1453 bis 1500	18	1	2		2		7	5	13
	zusammen viel 21			zusammen mittelmäßig 2			zusammen wenig 25		
1501 bis 1600	31	2	5		2		16	4	40
	zusammen viel 38			zusammen mittelmäßig 2			zusammen wenig 60		
1601 bis 1700	26	6	8		7		21	5	27
	zusammen viel 40			zusammen mittelmäßig 7			zusammen wenig 53		
1701 bis 1800	35	6	2	2	6		18	17	14
	zusammen viel 43			zusammen mittelmäßig 8			zusammen wenig 49		
1801 bis 1865	19	12	1	4	2		6	7	14
	zusammen viel 32			zusammen mittelmäßig 6			zusammen wenig 27		
von 1453 bis 1865	129	27	18	2	21	2	68	38	108
	zusammen viel 174			zusammen mittelmäßig 25			zusammen schlecht 214		

Beilage.

Wein-Preise
(dem Eimer nach in Gulden und Kreuzern.)
von 1456 bis 1865.*)

Die hier angeführten württembergischen Ortschaften sind:

Besigheim	seit 1539.
Bietigheim	„ 1541.
Bönnigheim	„ 1539.
Brackenheim	„ 1474.
Cannstatt	„ 1456.
Eßlingen	„ 1462.
Gröningen	„ 1600.
Lauffen	„ 1481.
Marbach	„ 1514.
Mezingen	„ 1697.
Mundelsheim	„ 1600.
Schorndorf	„ 1480.
Stuttgart	„ 1468.
Tübingen	„ 1471.
Waiblingen	„ 1470.
Weinsberg	„ 1678.

Die Preise wurden ausgeworfen, soweit solche zu ermitteln waren, und kann sich jeder Besitzer des Büchleins die leer gebliebenen Felder nach seinen Erhebungen ausfüllen.

*) Aus früheren Zeiten sind folgende Weinpreise bekannt: Der Eimer kostete 1271 zwölf Groschen, 1274 fünf Schilling (1 Schilling = $2^1/_2$ kr.), 1287 dreizehn Kreuzer, 1290 fünf Schilling, 1319 einen Gulden zwölf Schilling, 1320 ein Pfund Heller (1 Pfd. Heller = $42^6/_7$ kr.), 1325 dreiundvierzig Kreuzer, 1333 acht Batzen, 1383 zweiunddreißig Kreuzer, 1386 sechs Kreuzer, 1387 zweiunddreißig Kreuzer, 1394 zehn Batzen, 1426 dreizehn Kreuzer, 1434 vier Gulden fünf Schilling, 1442 siebenunddreißig einen halben Kreuzer.

Jahr.	Cannstatt.	Eßlingen.	Stuttgart.	Waiblingen.	Tübingen.	Bradenheim.	Schorndorf.	Laufen.
1456	2fl.21kr.	—	—	—	—	—	—	—
1457	2. 19	—	—	—	—	—	—	—
1458	2. 13	—	—	—	—	—	—	—
1459	4. 4	—	—	—	—	—	—	—
1460	3. 4	—	—	—	—	—	—	—
1461	2. 10	—	—	—	—	—	—	—
1462	3. —	2. 23	—	—	—	—	—	—
1463	3. —	3. 34	—	—	—	—	—	—
1464	1. 47	2. 13	—	—	—	—	—	—
1465	1. 2	1. 23	—	—	—	—	—	—
1466	2. 52	2. 56	—	—	—	—	—	—
1467	1. 28	1. 41	—	—	—	—	—	—
1468	2. 32	2. 23	2. 8	—	—	—	—	—
1469	4. 4	5. —	4. 35	—	—	—	—	—
1470	2. 11	2. 19	2. 4	2. 6	—	—	—	—
1471	2. 11	2. 23	2. 5	2. 5	2. 39	—	—	—
1472	1. 31	1. 51	2. 5	1. 15	1. 48	—	—	—
1473	1. 14	1. 10	2. 5	1. 56	1. 37	—	—	—
1474	1. 31	1. 48	1. 48	1. 35	1. 37	1. 11	—	—
1475	1. 10	1. 17	2. 23	1. 50	2. 11	— 36	—	—
1476	1. 28	1. 26	1. 16	1. 31	2. —	1. 11	—	—
1477	2. 11	2. 45	2. 24	2. 35	—	1. 1	—	—
1478	1. 28	1. 36	1. 27	1. 23	—	— 54	—	—
1479	2. 8	2. 15	2. 10	2. 8	—	1. 46	—	—
1480	1. 36	1. 44	1. 45	1. 42	—	1. 5	2. 5	—
1481	3. 4	3. 23	3. 13	3. 8	3. 2	3. 8	3. 19	1. 11
1482	1. 43	1. 53	1. 47	1. 47	1. 48	1. 11	1. 49	1. 18
1483	1. 24	1. 24	1. 22	1. 21	1. 25	— 33	1. 41	— 35
1484	— 47	— 50	— 47	— 52	1. 11	— 22	— 55	1. 25
1485	2. 54	3. 29	2. 51	2. 51	2. 51	2. 48	2. 59	2. 33
1486	4. 45	4. 24	4. 45	4. 43	4. 51	3. 56	4. 57	5. —
1487	2. 32	2. 47	3. 12	2. 35	2. 22	2. 16	2. 55	2. 30
1488	3. 20	3. 38	3. 20	3. 10	3. 8	3. 3	3. 51	3. 20
1489	4. 45	4. 50	4. 35	4. 39	2. 5	4. 7	5. —	4. 6
1490	4. 20	4. 36	4. 28	4. 25	3. 42	3. 19	4. 17	3. 27
1491	4. 3	4. 31	4. 2	4. 37	4. 5	2. 21	4. 25	4. 27
1492	4. 27	4. 70	4. 28	4. 25	3. 42	3. 39	4. 37	3. 48

Marbach.	Bönnigheim.	Besigheim.	Bietigheim.	Gröningen.	Mundelsheim.	Weinsberg.	Mezingen.	Jahr.
—	—	—	—	—	—	—	—	1456
—	—	—	—	—	—	—	—	1457
—	—	—	—	—	—	—	—	1458
—	—	—	—	—	—	—	—	1459
—	—	—	—	—	—	—	—	1460
—	—	—	—	—	—	—	—	1461
—	—	—	—	—	—	—	—	1462
—	—	—	—	—	—	—	—	1463
—	—	—	—	—	—	—	—	1464
—	—	—	—	—	—	—	—	1465
—	—	—	—	—	—	—	—	1466
—	—	—	—	—	—	—	—	1467
—	—	—	—	—	—	—	—	1468
—	—	—	—	—	—	—	—	1469
—	—	—	—	—	—	—	—	1470
—	—	—	—	—	—	—	—	1471
—	—	—	—	—	—	—	—	1472
—	—	—	—	—	—	—	—	1473
—	—	—	—	—	—	—	—	1474
—	—	—	—	—	—	—	—	1475
—	—	—	—	—	—	—	—	1476
—	—	—	—	—	—	—	—	1477
—	—	—	—	—	—	—	—	1478
—	—	—	—	—	—	—	—	1479
—	—	—	—	—	—	—	—	1480
—	—	—	—	—	—	—	—	1481
—	—	—	—	—	—	—	—	1482
—	—	—	—	—	—	—	—	1483
—	—	—	—	—	—	—	—	1484
—	—	—	—	—	—	—	—	1485
—	—	—	—	—	—	—	—	1486
—	—	—	—	—	—	—	—	1487
—	—	—	—	—	—	—	—	1488
—	—	—	—	—	—	—	—	1489
—	—	—	—	—	—	—	—	1490
—	—	—	—	—	—	—	—	1491
—	—	—	—	—	—	—	—	1492

Jahr.	Cannstatt.	Eßlingen.	Stuttgart.	Waiblingen.	Tübingen.	Brackenheim.	Schorndorf.	Lauffen.
1493	4. 35	4. 88	3. 25	4. 27	4. 51	3. 19	4. 41	3. 84
1494	3. —	3. 27	3. 12	2. 54	3. 86	2. 32	3. 4	4. 2
1495	2. 4	1. 27	2. 5	2. 4	2. 17	1. 2	2. 19	1. 11
1496	1. 25	5. 1	1. 80	1. 28	1. 17	1. 2	1. 32	1. 86
1497	1. 58	1. 25	1. 57	2. —	1. 48	1. 11	2. 21	1. 12
1498	3. 10	1. 50	3. 12	3. 13	3. 18	2. 32	3. 25	2. 31
1499	1. 44	2. 23	1. 40	1. 43	1. 18	1. 1	2. —	2. 31
1500	2. 17	1. 34	2. 20	2. 44	2. 17	1. 18	2. 25	1. 59
1501	2. 51	2. 54	2. 42	2. 17	2. 57	2. 9	2. 53	1. 27
1502	2. 45	2. 54	2. 51	2. 17	2. 45	1. 58	2. 47	1. 9
1503	1. 23	1. 34	1. 22	1. 25	1. 31	— 54	1. 37	1. 9
1504	1. 30	2. 18	1. 25	1. 25	1. 31	— 59	1. 37	— 57
1505	2. 8	1. 27	2. 8	2. 4	2. —	1. 11	2. 19	1. 7
1506	2. 22	2. 10	2. 25	2. 28	2. 30	2. 37	2. 38	1. 11
1507	2. 11	2. 18	2. 15	2. 8	2. 22	1. 18	2. 13	1. 22
1508	2. 12	2. 25	2. 4	2. 8	2. 5	1. 18	2. 37	1. 20
1509	2. 15	2. 18	2. 28	2. 27	2. —	1. 50	2. 23	1. 51
1510	2. 4	2. 25	2. 10	2. 2	1. 42	1. 26	2. 8	1. 38
1511	2. 51	5. —	3. 10	2. 54	2. 34	2. 13	3. 2	2. 21
1512	5. 2	4. 50	5. 5	4. 54	4. 11	4. 3	5. —	4. 10
1513	4. 40	2. 44	4. 51	2. 45	5. 14	2. 21	2. 46	2. 31
1514	2. 28	3. 16	2. 42	2. 48	2. 34	2. 35	2. 42	2. 32
1515	3. 8	3. 1	3. 17	2. 47	2. 57	2. 9	2. 55	2. 21
1516	2. 51	5. 21	2. 51	2. 46	3. 25	1. 43	2. 57	1. 51
1517	5. 17	4. 43	5. 14	5. 42	7. 42	6. 12	5. 37	6. 32
1518	4. 14	2. 25	3. 51	3. 20	4. —	2. 45	3. 41	2. 53
1519	2. 10	5. 32	2. 11	2. 11	2. 34	1. 18	2. 22	1. 27
1520	4. 35	5. 36	5. 42	4. 44	2. 57	5. 18	5. 37	5. 2
1521	3. 20	3. 23	3. 20	3. 17	2. 45	2. 12	3. 28	3. 48
1522	4. 20	3. 23	4. 45	4. 22	4. 5	3. 56	4. 34	3. 48
1523	3. 20	5. 14	3. 29	3. 10	2. 39	2. 21	2. 52	2. 21
1524	4. 51	5. 14	5. —	4. 36	5. 20	4. 27	5. 20	4. 20
1525	3. 48	5. —	4. —	3. 34	5. 14	2. 45	3. 48	2. 24
1526	4. 37	4. 21	4. 45	4. 30	4. 34	4. —	4. 53	3. 48
1527	2. 22	4. 24	4. 17	4. 20	3. 19	3. 44	4. 32	3. 48
1528	2. 12	2. 39	2. 29	1. 57	2. 17	1. 22	2. 15	1. 27
1529	2. 22	5. 50	2. 22	2. 17	1. 42	1. 39	2. 30	1. 9

Marbach.	Bönnigheim.	Besigheim.	Bietigheim.	Gröningen.	Mundelsheim.	Weinsberg.	Mejingen.	Jahr.
—	—	—	—	—	—	—	—	1493
—	—	—	—	—	—	—	—	1494
—	—	—	—	—	—	—	—	1495
—	—	—	—	—	—	—	—	1496
—	—	—	—	—	—	—	—	1497
—	—	—	—	—	—	—	—	1498
—	—	—	—	—	—	—	—	1499
—	—	—	—	—	—	—	—	1500
—	—	—	—	—	—	—	—	1501
—	—	—	—	—	—	—	—	1502
—	—	—	—	—	—	—	—	1503
—	—	—	—	—	—	—	—	1504
—	—	—	—	—	—	—	—	1505
—	—	—	—	—	—	—	—	1506
—	—	—	—	—	—	—	—	1507
—	—	—	—	—	—	—	—	1508
—	—	—	—	—	—	—	—	1509
—	—	—	—	—	—	—	—	1510
—	—	—	—	—	—	—	—	1511
—	—	—	—	—	—	—	—	1512
—	—	—	—	—	—	—	—	1513
—	—	—	—	—	—	—	—	1514
2. 19	—	—	—	—	—	—	—	1515
2. 10	—	—	—	—	—	—	—	1516
3. 46	—	—	—	—	—	—	—	1517
3. 3	—	—	—	—	—	—	—	1518
2. 2	—	—	—	—	—	—	—	1519
5. 2	—	—	—	—	—	—	—	1520
2. 15	—	—	—	—	—	—	—	1521
4. 5	—	—	—	—	—	—	—	1522
2. 32	—	—	—	—	—	—	—	1523
4. 39	—	—	—	—	—	—	—	1524
2. 54	—	—	—	—	—	—	—	1525
4. 21	—	—	—	—	—	—	—	1526
3. 46	—	—	—	—	—	—	—	1527
1. 33	—	—	—	—	—	—	—	1528
2. 2	—	—	—	—	—	—	—	1529

Jahr.	Cannstatt.	Eßlingen.	Stuttgart.	Waiblingen.	Tübingen.	Brackenheim.	Schorndorf.	Laufen.
1530	6. 40	3. 20	6. 31	6. —	7. 25	4. 51	6. 4	5. 2
1531	2. 51	3. 20	3. 48	3. 5	2. 34	2. 29	3. 34	2. 32
1532	4. 11	4. 21	4. 20	4. 17	3. 25	2. 41	4. 45	2. 53
1533	3. 41	6. 3	4. 8	3. 51	2. 22	2. 57	4. 51	2. 42
1534	6. 11	6. 50	6. 32	2. 51	5. 20	5. 10	5. 55	5. 2
1535	3. 1	3. 1	3. 1	2. 34	3. 25	1. 50	2. 51	1. 52
1536	3. 48	3. 28	3. 48	3. 11	4. —	2. 29	3. 31	—
1537	4. 34	4. 43	4. 34	3. 52	4. 28	3. 36	5. 9	3. 34
1538	6. 47	6. 46	6. 47	6. 8	6. 17	5. 42	7. 16	6. 8
1539	3. 20	3. 30	3. 25	3. —	2. 17	1. 34	3. 13	2. 2
1540	2. 51	2. 32	2. 40	3. 25	2. 34	2. 5	3. 6	2. 26
1541	2. 35	2. 32	2. 44	2. 38	1. 42	1. 37	3. 5	1. 56
1542	3. 22	3. 16	3. 10	2. 57	2. —	2. 3	3. 30	1. 56
1543	7. —	6. 54	7. 2	6. 54	6. 34	6. 25	7. 8	6. 25
1544	7. 23	7. 16	7. 8	7. —	2. 57	5. 44	7. 13	6. 6
1545	5. 38	5. 48	5. 38	5. 21	5. 37	4. 31	5. 33	4. 52
1546	3. 20	3. 16	3. 27	2. 58	2. 22	2. 13	3. 23	2. 32
1547	5. 30	5. 2	5. 4	4. 51	3. 42	3. 44	5. 25	3. 59
1548	5. 7	5. 16	5. 14	5. 5	4. 34	4. 35	5. 19	4. 50
1549	5. 57	6. 20	6. 11	5. 37	4. 52	4. 11	6. 11	4. 55
1550	4. 40	4. 36	4. 45	4. 38	3. 8	3. 12	5. —	3. 5
1551	6. 30	7. 1	6. 36	6. 2	5. 37	5. 33	6. 48	5. 42
1552	3. 30	3. 23	3. 19	3. 4	2. 37	1. 56	3. 33	2. 2
1553	2. 51	2. 54	3. 5	2. 48	2. 34	1. 50	3. 12	2. 2
1554	5. —	4. 36	4. 50	4. 38	3. 51	3. 48	5. 20	5. 32
1555	4. 31	4. 50	4. 52	4. 25	4. 4	2. 33	4. 57	2. 42
1556	4. 27	4. 24	4. 24	4. 8	1. 54	3. 4	4. 45	—
1557	4. 38	4. 43	4. 49	4. 33	4. 15	3. 25	5. 20	3. 36
1558	4. 15	3. 41	4. 12	3. 52	3. 30	3. 56	4. 40	—
1559	5. 37	5. 35	5. 21	5. 17	5. —	4. 17	5. 58	4. 36
1560	5. 17	5. 2	5. 14	4. 45	5. 20	3. 13	5. 26	2. 54
1561	6. 32	6. 39	5. 29	—	4. 17	5. 16	6. 40	5. 48
1562	6. —	7. 1	6. 11	6. 6	5. 39	4. 51	6. 49	4. 50
1563	5. 57	5. 31	5. 34	5. 20	4. 18	3. 37	5. 54	3. 24
1564	8. 9	7. 45	7. 15	7. 15	7. 6	6. 37	7. 37	7. 16
1565	7. 51	7. 59	7. 55	7. 2	7. 45	7. 20	7. 30	7. 7
1566	4. 45	4. 50	4. 56	4. 42	3. 20	3. 20	5. 2	3. 23

Marbach.	Bönnigheim.	Besigheim.	Dietigheim.	Gröningen.	Mundelsheim.	Weinsberg.	Mezingen.	Jahr.
5. 2	—	—	—	—	—	—	—	1530
2. 54	—	—	—	—	—	—	—	1531
2. 40	—	—	—	—	—	—	—	1532
3. 14	—	—	—	—	—	—	—	1533
5. 22	—	—	—	—	—	—	—	1534
1. 36	—	—	—	—	—	—	—	1535
2. 25	—	—	—	—	—	—	—	1536
4. 22	—	—	—	—	—	—	—	1537
7. 38	—	—	—	—	—	—	—	1538
2. 10	1. 50	2. 19	—	—	—	—	—	1539
2. 19	1. 58	2. 27	—	—	—	—	—	1540
2. 2	2. 33	2. 19	1. 46	—	—	—	—	1541
2. 40	2. 17	2. 30	2. 21	—	—	—	—	1542
7. 7	6. 32	7. —	6. 35	—	—	—	—	1543
6. 6	5. 54	—	5. 42	—	—	—	—	1544
5. 21	4. 55	5. 10	4. 26	—	—	—	—	1545
2. 42	2. 21	2. 33	2. 32	—	—	—	—	1546
4. 21	3. 56	—	3. 59	—	—	—	—	1547
4. 50	4. 51	5. 10	4. 57	—	—	—	—	1548
4. 50	4. 32	5. —	4. 39	—	—	—	—	1549
3. 52	3. 20	4. 10	3. 27	—	—	—	—	1550
5. 34	5. 11	5. 20	5. 35	—	—	—	—	1551
5. 17	2. 1	—	1. 55	—	—	—	—	1552
2. 11	2. 5	2. 15	1. 59	—	—	—	—	1553
4. 7	4. 7	4. 5	4. 5	—	—	—	—	1554
3. 23	2. 57	—	2. 52	—	—	—	—	1555
—	3. 28	—	—	—	—	—	—	1556
4. 41	3. 40	—	3. 33	—	—	—	—	1557
—	3. 8	—	—	—	—	—	—	1558
5. 2	4. 27	—	4. 34	—	—	—	—	1559
3. 52	3. 32	—	3. 33	—	—	—	—	1560
6. —	5. 30	—	5. 32	—	—	—	—	1561
5. 22	5. 30	—	5. 24	—	—	—	—	1562
4. 21	3. 48	—	3. 48	—	—	—	—	1563
7. 45	7. 6	—	6. 36	—	—	—	—	1564
7. 7	7. 54	—	5. 2	—	—	—	—	1565
3. 52	3. 32	—	3. 18	—	—	—	—	1566

7

Jahr.	Cannstatt.	Eßlingen.	Stuttgart.	Waiblingen.	Tübingen.	Brackenheim.	Schorndorf.	Laufen.
1567	4. 29	4. 9	4. 20	4. 17	2. 50	3. 5	4. 48	3. 12
1568	5. 23	5. 48	5. 3	4. 41	4. 46	3. 20	5. 23	3. 20
1569	6. 16	6. 32	6. 15	5. 56	5. 13	5. 20	6. 40	5. 22
1570	6. 26	6. 39	6. 35	6. 25	5. 57	5. 14	7. 1	7. 13
1571	10. 27	10. 28	10. 30	9. 10	10. 30	8. 11	8. 40	—
1572	8. 7	9. 40	9. —	8. 55	9. 43	7. 20	9. 42	7. 41
1573	9. 25	9. 17	9. 20	8. 55	6. 25	7. 30	9. 22	10. 4
1574	9. —	8. 59	9. 32	8. 20	10. 7	8. —	8. 58	7. 45
1575	5. 45	5. 31	6. —	5. 17	5. 13	5. 13	5. 44	5. 22
1576	8. 34	9. 31	9. 2	8. 2	7. 11	8. —	9. 15	6. 13
1577	8. 25	8. 56	8. 35	8. 5	8. 7	7. 25	8. 56	8. 21
1578	4. 35	8. 2	5. 2	4. 42	4. 11	4. —	5. 26	5. 26
1579	4. 15	5. 48	4. 35	4. 15	2. 52	3. 45	5. 37	5. 37
1580	7. 15	7. 37	7. 20	7. 9	6. 4	6. 16	7. 51	7. 51
1581	5. 2	5. 48	5. 7	4. 50	4. 3	4. —	6. 4	4. 6
1582	5. 27	5. 56	5. 37	5. 9	5. 17	4. 7	6. 21	4. 2
1583	3. 56	4. 15	3. 42	3. 32	3. 20	3. 24	4. 36	1. 44
1584	2. 36	2. 54	2. 38	2. 32	2. 9	1. 59	3. 5	1. 49
1585	5. 10	5. 31	4. 50	4. 56	3. 25	3. —	6. 4	2. 51
1586	7. 45	7. 37	7. 35	7. 32	9. 7	8. —	8. 15	7. 30
1587	7. 22	7. 45	7. 15	7. 34	3. 48	7. —	7. 51	7. 7
1588	13. 55	13. 19	13. 40	13. —	13. 24	12. —	14. 12	12. 12
1589	18. 40	18. 39	18. 30	18. —	17. 8	20. 20	18. 49	18. 54
1590	13. 20	14. 10	13. 20	—	13. 20	13. 20	14. —	14. —
1591	9. 31	10. 10	9. 40	—	9. 30	7. —	10. 7	7. 16
1592	13. 45	14. 32	13. 48	—	13. 30	13. 30	14. 54	13. 33
1593	13. —	15. 51	13. 10	—	9. —	12. 45	16. 41	13. 34
1594	10. 45	11. 11	10. 40	10. 35	7. 30	11. 30	5. 48	11. 41
1595	—	11. 8	10. 4	—	10. —	9. 15	12. 19	8. 30
1596	15. 4	15. 52	15. 20	—	14. 20	15. —	15. 51	15. 30
1597	8. 36	9. 41	9. 15	—	7. 8	8. —	10. 10	8. 8
1598	8. 30	9. 12	8. 38	—	7. 15	8. 45	8. 23	7. 9
1599	6. 45	6. 46	7. 6	—	7. —	—	7. 27	7. 30
1600	8. 45	10. 10	9. 15	—	7. 30	8. 45	10. 10	7. 55
1601	10. 51	12. —	10. 53	—	5. 21	9. 30	10. 55	8. 43
1602	18. 14	18. 50	17. 26	—	—	20. 20	15. 27	20. 20
1603	11. 34	12. 6	11. 80	—	13. 20	11. —	12. 12	11. 30

Marbach.	Bönnigheim.	Besigheim.	Bietigheim.	Gröningen.	Mundelsheim.	Weinsberg.	Mezingen.	Jahr.
3. 33	3. 20	—	3. 11	—	—	—	—	1567
2. 33	4. —	—	3. 18	—	—	—	—	1568
5. 43	5. 30	—	5. 25	—	—	—	—	1569
3. 38	5. 22	—	8. 8	—	—	—	—	1570
—	9. 21	—	—	—	—	—	—	1571
8. 16	7. 45	—	7. 37	—	—	—	—	1572
8. 48	7. 52	—	7. 44	—	—	—	—	1573
8. 8	8. 23	—	7. 37	—	—	—	—	1574
8. 20	5. 30	—	4. 49	—	—	—	—	1575
7. 30	8. 35	—	6. 18	—	—	—	—	1576
8. 21	7. 52	—	8. 54	—	—	—	—	1577
4. 4	4. 19	—	—	—	—	—	—	1578
4. 4	4. 19	—	3. 33	—	—	—	—	1579
6. 42	6. 53	—	—	—	—	—	—	1580
4. 6	4. 10	—	3. 43	—	—	—	—	1581
4. 58	4. 15	—	—	—	—	—	—	1582
3. 21	3. 32	3. 20	3. 3	—	—	—	—	1583
2. 19	2. 3	— 40	—	—	—	—	—	1584
3. 3	3. 8	3. 45	3. 3	—	—	—	—	1585
—	8. —	8. 20	7. 22	—	—	—	—	1586
6. 34	7. 4	7. —	6. 36	—	—	—	—	1587
12. 12	12. 2	12. 30	12. 17	—	—	—	—	1588
16. 57	18. 52	20. 10	16. 47	—	—	—	—	1589
13. 34	13. 37	14. 30	12. 21	—	—	—	—	1590
7. 7	7. 42	14. 10	6. 52	—	—	—	—	1591
11. 49	12. 34	—	14. 23	—	—	—	—	1592
11. 45	13. 20	14. 10	11. 45	—	—	—	—	1593
10. 49	11. 23	12. 30	11. 25	—	—	—	—	1594
4. 9	8. 42	10. —	10. 25	—	—	—	—	1595
14. —	14. 40	15. 20	15. 20	—	—	—	—	1596
7. 16	7. 4	9. 10	9. 10	—	—	—	—	1597
6. 48	8. 48	9. 15	7. 48	—	—	—	—	1598
6. 6	7. 20	7. 35	6. 6	—	—	—	—	1599
8. 18	8. 48	8. 30	7. 28	7. —	8. 30	—	—	1600
6. 9	9. 26	10. —	8. 8	8. 16	10. —	—	—	1601
18. 11	18. 51	—	—	—	20. —	—	—	1602
10. 50	11. 44	11. 15	10. 51	10. 39	11. —	—	—	1603

Jahr.	Cannstatt.	Eßlingen.	Stuttgart.	Waiblingen.	Tübingen.	Brackenheim.	Schorndorf.	Lauffen.
1604	6. 42	5. 56	5. 55	—	6. 11	5. 24	5. 22	5. 48
1605	5. 36	5. 48	5. 55	—	6. 15	4. 30	5. 39	4. 16
1606	4. 30	4. 21	4. 17	4. 31	3. 30	5. 20	4. 32	3. 56
1607	12. 24	12. 43	12. 22	—	14. 17	12. 15	11. 57	12. —
1608	10. 30	12. 48	11. 30	—	18. —	12. 30	11. 58	12. —
1609	15. 34	15. 59	15. 15	—	12. 45	16. —	16. 54	16. —
1610	9. 43	9. 45	9. 58	—	8. 34	9. —	9. 20	5. 20
1611	8. 19	8. 28	8. 17	5. 17	7. 37	7. 30	9. 46	7. 30
1612	12. 15	12. 15	12. 22	13. 29	11. 30	14. 28	13. 48	14. 30
1613	10. 21	11. 37	11. 4	—	15. —	8. 28	10. 10	8. 20
1614	8. 6	8. 43	8. 27	8. 21	9. 45	8. —	8. 42	8. 30
1615	14. 40	15. 1	16. 40	15. 53	15. 40	16. —	16. 24	16. 30
1616	13. 32	13. 55	13. 40	13. 20	16. —	12. —	13. 5	12. 20
1617	5. 55	6. 32	6. —	5. 20	6. 30	5. 10	6. 41	5. 30
1618	8. 8	8. 43	8. 27	7. 40	6. 23	8. —	8. 56	6. 30
1619	9. —	9. 41	9. 12	8. 32	8. —	7. 7	9. 15	7. 30
1620	10. 45	10. 39	10. 21	11. 26	10. 40	12. —	11. 28	13. 20
1621	14. 28	14. 39	14. 30	13. 34	12. 5	13. 20	13. 42	15. —
1622	56. —	54. 34	58. 40	58. 40	56. —	64. —	61. —	80. —
1623	20. 45	21. 25	21. 20	21. 20	21. 20	18. —	22. 21	23. —
1624	11. 13	11. 37	11. 20	11. 45	11. 26	10. —	12. 28	14. 26
1625	15. 10	15. 42	14. 40	13. 17	13. 20	14. —	15. 15	16. —
1626	18. 40	18. 10	17. 30	17. 26	17. 8	16. —	18. 25	17. 17
1627	14. 26	15. 4	14. 17	14. 17	11. 26	11. 25	14. 18	14. —
1628	15. 4	17. 8	14. —	15. —	7. 8	14. 40	16. 1	17. 30
1629	15. 34	15. 42	15. 30	15. —	16. —	14. —	16. —	14. 40
1630	7. 28	7. 22	7. 20	7. 9	7. 31	5. 20	8. 55	7. —
1631	5. 9	5. 14	5. 4	4. 52	4. 16	4. —	5. 13	4. 20
1632	7. —	9. 51	6. 25	7. 11	9. 40	6. 40	6. 28	7. —
1633	11. 42	11. 39	10. 17	9. 57	11. 25	12. —	11. 30	12. —
1634	7. 45	7. 37	6. 41	5. 40	10. 40	5. 40	5. 28	5. 20
1635	15. 21	16. 39	16. 7	—	—	10. 40	16. —	13. 33
1636	13. 20	14. 10	13. —	13. 20	13. 20	12. —	14. 15	12. —
1637	7. 50	7. 44	7. 34	8. —	13. 20	6. 40	8. 45	9. 20
1638	6. 38	6. 39	6. 30	—	8. —	7. 36	8. 15	8. —
1639	12. 30	14. 10	12. —	—	9. 20	7. 36	8. 15	10. 40
1640	12. 53	14. 45	13. 35	13. 17	10. —	9. 20	—	12. —

Marbach	Bönnigheim	Vesigheim	Vietigheim	Gröningen	Mundelsheim	Weinsberg	Meyingen	Jahr
5. 10	5. 52	5. 52	—	4. 51	5. 45	—	—	1604
4. 20	4. 30	4. 30	4. 4	4. —	4. 30	—	—	1605
4. 20	5. 14	5. 20	4. 36	4. 15	5. 20	—	—	1606
12. —	12. 34	12. 15	12. 43	10. 39	12. 15	—	—	1607
12. 12	12. 34	12. —	12. 11	10. —	12. —	—	—	1608
15. 31	16. 14	16. 20	14. —	13. 19	16. —	—	—	1609
8. 20	9. 2	9. 15	7. 18	3. 39	9. 10	—	—	1610
13. 6	7. 34	7. 30	6. 30	6. —	7. 30	—	—	1611
15. 15	14. 14	14. —	12. 16	11. 30	—	—	—	1612
7. 28	8. 23	8. 30	7. 2	6. 25	8. 30	—	—	1613
6. 46	7. 52	8. 10	6. 46	6. 30	8. 10	—	—	1614
15. 56	16. 14	16. 10	15. 12	7. 44	16. 20	—	—	1615
11. 52	12. 16	12. 10	10. 51	11. —	12. 5	—	—	1616
5. 30	5. 30	5. 20	6. 32	5. 20	5. 25	—	—	1617
8. 5	8. 23	8. 30	6. 45	5. 21	8. 28	—	—	1618
7. 7	7. 4	7. 20	6. 21	5. 38	7. 25	—	—	1619
12. —	11. 44	12. 40	10. 49	10. —	12. 12	—	—	1620
13. 34	13. 37	15. 30	12. 39	13. 24	15. 20	—	—	1621
49. —	66. —	72. 40	—	50. 39	20. —	—	—	1622
18. 19	18. 20	20. 30	17. 26	16. 17	19. —	—	—	1623
10. 51	6. —	20. 30	14. 24	9. 30	11. 15	—	—	1624
13. 54	16. 14	16. —	13. 20	22. 41	15. 45	—	—	1625
16. —	16. 17	18. —	15. 28	17. 17	18. —	—	—	1626
14. 55	11. 44	16. —	11. —	11. 25	15. —	—	—	1627
14. 55	15. 11	16. 40	13. 52	12. —	16. 30	—	—	1628
15. 25	14. 40	15. —	14. 30	12. 23	14. 30	—	—	1629
5. 15	6. 33	7. 20	5. 4	5. 30	7. 10	—	—	1630
3. 50	4. 52	4. 40	3. 44	4. 4	4. 30	—	—	1631
6. —	6. 49	7. —	6. 51	6. —	7. 5	—	—	1632
11. 30	7. —	12. —	—	10. 40	12. 30	—	—	1633
5. —	—	6. —	—	—	6. 30	—	—	1634
—	11. 23	10. —	—	—	15. —	—	—	1635
12. —	—	9. —	—	9. 30	10. —	—	—	1636
10. —	7. 42	—	—	—	—	—	—	1637
6. —	—	—	—	6. —	—	—	—	1638
10. —	10. —	—	—	10. 40	—	—	—	1639
16. —	—	10. —	—	11. —	—	—	—	1640

Jahr.	Cannstatt.	Eßlingen.	Stuttgart.	Waiblingen.	Tübingen.	Brackenheim.	Schorndorf.	Lauffen.
1641	14. 15	15. 21	13. 53	13. 52	10. 40	13. 20	14. 18	17. 20
1642	18. 15	19. 17	18. 26	17. 52	11. 20	18. 40	18. 24	18. 17
1643	16. 40	16. 4	16. 8	15. 44	16. 40	16. 22	18. 24	17. 20
1644	18. 54	20. —	18. 40	19. 15	20. —	18. 40	20. 44	10. —
1645	9. 20	9. 31	8. 40	9. 20	8. —	9. 20	10. 28	10. 40
1646	8. 56	9. 2	8. 52	9. 20	8. —	8. —	9. 49	9. 20
1647	8. 40	9. —	8. —	8. 53	8. —	8. —	10. 12	10. —
1648	13. 5	14. —	12. 53	12. 48	10. 40	10. 40	13. 5	13. 20
1649	14. 10	14. 39	14. —	13. 20	8. —	13. 20	14. 15	16. —
1650	19. 20	20. —	19. 15	—	16. —	20. —	20. 7	22. —
1651	14. —	14. 30	13. 45	14. —	14. —	15. —	14. 12	16. —
1652	8. 30	9. 9	8. 8	8. 53	9. 10	19. —	9. 25	10. 40
1653	6. 32	6. 50	7. —	6. 40	8. 30	8. —	7. 2	9. 20
1654	10. 30	10. 39	10. 20	9. 33	10. —	8. —	10. 20	9. 20
1655	6. —	6. 39	6. —	6. 20	8. —	7. —	6. 43	8. —
1656	7. —	7. 20	6. 40	6. 40	7. 28	9. —	7. 10	10. —
1657	7. 8	8. —	6. 48	7. 12	6. 40	7. —	7. 43	8. —
1658	12. 15	13. —	12. —	12. —	13. 20	13. —	12. 15	14. 40
1659	7. —	7. —	7. 40	—	—	—	—	—
1660	12. 15	12. 15	12. 15	11. 7	11. —	11. 20	—	—
1661	8. —	8. 30	7. 50	8. —	7. —	6. 40	—	—
1662	13. —	13. —	13. —	12. —	—	12. —	—	—
1663	12. 10	9. 10	12. —	12. —	10. 40	11. 40	—	—
1664	8. 52	9. 10	8. 50	8. 40	9. —	9. 20	—	—
1665	8. 45	8. 50	8. 30	8. 15	10. 40	8. —	—	—
1666	10. 40	10. —	10. 20	9. 20	10. 40	10. 40	—	—
1667	10. 40	11. —	10. 30	10. —	10. 40	10. 20	—	—
1668	6. 30	7. —	6. 25	6. 13	7. —	6. 20	—	—
1669	8. 12	8. 20	8. 10	7. 40	7. —	6. —	—	—
1670	7. 30	7. 10	7. 10	7. —	7. —	8. —	—	—
1671	6. 32	6. 40	6. 40	—	6. 30	6. 30	—	—
1672	5. 10	5. 40	4. 50	—	6. —	4. 30	—	—
1673	8. 36	9. —	8. 20	—	6. —	7. 40	—	—
1674	10. 30	10. 40	10. 15	—	6. —	10. 40	—	—
1675	18. 48	19. —	17. 40	—	12. 45	16. —	—	—
1676	17. 12	17. 40	17. 4	—	15. 28	14. 40	—	—
1677	7. 24	8. 20	8. —	—	6. —	7. —	—	—

— 103 —

Marbach.	Bönnigheim.	Beſigheim.	Bietigheim.	Gröningen.	Mundelsheim.	Weinsberg.	Meßingen.	Jahr.
12. 10	—	15. 16	—	12. —	15. 15	—	—	1641
21. 20	—	19. 30	—	14. 40	10. —	—	—	1642
11. 30	14. —	16. 40	—	14. 15	12. 10	—	—	1643
17. 30	16. 17	19. 15	17. 30	16.. —	19. —	—	—	1644
8. 20	7. 43	10. —	8. 30	8. —	10. —	—	—	1645
7. —	—	8. 40	7. 40	8. 15	9. —	—	—	1646
7. 20	—	9. 40	7. 30	8. —	2. 30	—	—	1647
10. 20	10. 34	12. —	10. —	10. 40	12. 30	—	—	1648
13. 30	—	16. —	13. —	13. 20	16. —	—	—	1649
18. 40	—	21. 20	18. —	20. —	21. 40	—	—	1650
13. 20	—	16. —	14. —	13. 30	16. —	—	—	1651
8. 30	—	10. 40	10. —	8. —	10. 40	—	—	1652
7. 24	—	8. —	7. 10	7. 30	9. 20	—	—	1653
7. 12	—	9. —	7. 10	7. 30	9. 20	—	—	1654
6. 20	—	7. 30	6. 30	6. 40	8. —	—	—	1655
6. 50	—	9. 30	7. —	7. 20	10. —	—	—	1656
7. 30	—	8. —	7. —	6. 30	8. —	—	—	1657
12. —	—	14. —	12. 15	11. 15	14. 20	—	—	1658
—	—	9. —	—	—	9. 50	—	—	1659
—	—	12. —	—	—	12. —	—	—	1660
—	—	8. —	—	—	8. —	—	—	1661
—	—	12. 20	—	—	13. 20	—	—	1662
—	—	13. —	—	—	13. 20	—	—	1663
—	—	10. 30	—	—	10. 40	—	—	1664
—	—	9. —	—	—	9. —	—	—	1665
—	—	11. 30	—	—	12. —	—	—	1666
—	—	12. —	—	—	12. —	—	—	1667
—	—	7. 30	—	—	7. 45	—	—	1668
—	—	9. —	—	—	9. 30	—	—	1669
—	—	8. —	—	—	9. 20	—	—	1670
—	—	8. 30	—	—	8. 45	—	—	1671
—	—	5. 20	—	—	8. 20	—	—	1672
—	—	8. —	—	—	8. 20	—	—	1673
—	—	—	—	—	12. 20	—	—	1674
—	—	—	—	—	16. —	—	—	1675
—	—	—	—	—	10. 20	—	—	1676
—	—	8. —	—	—	9. —	—	—	1677

Jahr	Cannstatt	Eßlingen	Stuttgart	Waiblingen	Tübingen	Brackenheim	Schorndorf	Laufen
1678	7. 54	8. —	8. 32	—	6. 30	6. 40	—	—
1679	4. 15	5. 20	4. 10	—	4. 30	4. —	—	—
1680	7. 36	8. —	8. 40	—	6. 30	6. 20	—	—
1681	10. 12	10. 20	10. 40	—	4. 20	8. —	—	—
1682	5. 15	5. 6	6. —	—	5. 20	5. 20	—	—
1683	6. —	5. 45	6. 30	—	5. 20	5. 20	—	—
1684	7. 28	6. 40	7. 20	—	6. 40	6. 20	—	—
1685	8. 45	9. 20	10. —	—	6. 40	8. —	—	—
1686	11. 50	12. —	12. —	—	9. 20	9. —	—	—
1687	5. 40	5. 40	6. 30	—	5. 20	5. —	—	—
1688	9. 30	9. 20	9. 30	—	8. —	6. 40	—	—
1689	16. 10	15. —	13. —	—	—	13. 30	—	—
1690	10. 48	11. —	11. 33	—	8. —	8. 30	—	—
1691	18. —	17. 24	15. —	—	14. 40	14. 40	—	—
1692	11. 15	12. —	11. 30	—	6. 40	10. 40	—	—
1693	20. —	20. —	24. —	—	18. 14	17. 20	—	—
1694	24. 10	23. 40	25. —	—	17. 26	17. 20	—	—
1695	—	18. —	22. —	—	9. 20	17. 28	—	—
1696	—	26. —	22. —	—	13. 20	18. 40	—	—
1697	17. 20	12. 20	13. 20	—	8. —	13. 20	—	—
1698	18. 48	22. —	20. —	—	9. 20	17. 20	—	—
1699	16. 48	17. 20	18. —	6. —	12. —	14. —	—	—
1700	12. 40	14. 40	13. 20	12. —	8. —	12. —	—	—
1701	9. 40	10. 40	8. 40	9. 20	8. —	8. —	—	—
1702	6. 16	7. 30	5. 45	6. 40	4. —	6. 30	—	—
1703	9. 20	10. 30	8. 30	8. —	7. —	4. 20	—	—
1704	18. 40	20. —	17. —	8. —	13. 20	16. —	—	—
1705	16. 40	17. 20	14. 40	14. —	11. —	15. —	—	—
1706	12. —	12. 20	12. —	10. 40	10. 40	12. —	—	—
1707	9. —	10. —	8. —	7. 40	7. 30	8. —	—	—
1708	13. 20	15. 20	12. 30	10. 4	10. 40	12. 40	—	—
1709	19. 20	20. —	19. —	16. —	—	18. —	—	—
1710	16. —	12. 20	14. —	14. 40	12. —	13. —	—	—
1711	8. 24	9. 20	11. —	7. —	6. 40	7. 30	—	—
1712	8. 20	9. 20	8. —	7. 20	7. —	6. 40	—	—
1713	7. 40	9. 20	6. —	6. 40	5. 20	5. 20	—	—
1714	13. —	14. —	14. —	12. —	10. 40	12. 30	—	—

Marbach.	Bönnigheim.	Besigheim.	Dietigheim.	Gröningen.	Mundelsheim.	Meinsberg.	Dezingen.	Jahr.
—	—	8. —	—	—	8. —	6.30-7.10	—	1678
—	—	—	—	—	4. —	4-4. 30	—	1679
—	—	—	—	—	8. —	6.20-7.30	—	1680
—	—	—	—	—	9. 10	8-10. 15	—	1681
—	—	—	—	—	6. —	5.6-6.20	—	1682
—	—	—	—	—	6. —	5.20-5.45	—	1683
—	—	6. 20	—	—	6. 30	6.20-6.40	—	1684
—	—	8. 40	—	—	9. —	6.40-8.40	—	1685
—	—	6. 30	—	—	10. 40	6.30 - 11	—	1686
—	—	6. —	—	—	5. 20	5. - 6.	—	1687
—	—	—	—	—	8. —	6. - 9. 20	—	1688
—	—	—	—	—	13. 20	13.30-16	—	1689
—	—	11. —	—	—	10. 50	8. - 11. 30	—	1690
—	—	15. —	—	—	15. —	6. 40 - 17	—	1691
—	—	13. —	—	—	13. 10	6. 40	—	1692
—	—	18. —	—	—	18. —	17.20-22.	—	1693
—	—	20. 30	—	—	20. 30	17. - 24	20. —	1694
—	—	17. —	—	—	17. 30	9. 20 - 18	15. —	1695
—	—	20. —	—	—	20. —	—	18. —	1696
—	—	14. 40	—	—	15. —	8. —	9. —	1697
—	—	20. —	—	—	20. —	9.20-18.40	11. —	1698
—	—	17. 20	—	—	16. —	12. - 18.	14. —	1699
—	—	14. 40	—	—	15. —	—	9. —	1700
—	—	10. —	—	—	10. 45	—	6. —	1701
—	—	9. 20	—	—	8. —	—	6. —	1702
—	—	10. 40	—	—	10. —	—	8. —	1703
—	—	—	—	—	18. —	—	14. —	1704
—	—	—	—	—	16. —	—	10. —	1705
—	—	—	—	—	14. —	—	9. —	1706
—	—	—	—	—	10. —	—	7. —	1707
—	—	—	—	—	14. 40	10. 40	10. —	1708
—	—	—	—	—	18. —	—	—	1709
—	—	—	—	—	16. —	—	14. —	1710
—	—	—	—	—	9. —	—	7. —	1711
—	—	—	—	—	9. —	—	6. —	1712
—	—	—	—	—	8. —	—	5. —	1713
—	—	—	—	—	16. —	—	10. —	1714

Jahr.	Cannstatt.	Eßlingen.	Stuttgart.	Waiblingen.	Tübingen.	Brackenheim.	Schorndorf.	Laufen.
1715	16. 52	18. —	17. 20	14. —	13. 20	14. 40	—	—
1716	14. 40	16. —	14. 40	14. —	10. 40	14. —	—	—
1717	17. 30	19. —	16. 40	15. —	12. —	16. —	—	—
1718	13. —	13. —	12. —	10. 40	9. 20	12. —	—	—
1719	8. 40	9. 20	8. —	18. —	7. —	7. —	—	—
1720	7. 40	8. —	7. —	6. 40	6. 20	5. 30	—	—
1721	8. —	8. 40	7. 30	7. 20	8. —	6. 40	—	—
1722	7. 40	8. 40	7. —	7. 20	8. —	6. 40	—	—
1723	9. 40	10. 40	8. 30	8. —	8. —	9. —	—	—
1724	9. —	9. 40	8. 30	8. —	8. —	7. —	—	—
1725	7. 40	8. 40	7. 30	6. 40	5. 20	6. —	—	—
1726	10. —	11. —	9. 10	10. —	9. —	10. —	—	—
1727	7. 40	8. —	7. 30	6. 40	6. 40	6. —	—	—
1728	5. 30	5. 20	5. 20	4. 10	4. —	4. —	—	—
1729	5. 24	6. 40	5. 30	5. —	5. 20	4. —	—	—
1730	5. 40	5. 20	4. 30	4. —	4. 20	3. 50	—	—
1731	5. 40	6. —	5. 30	5. —	5. 20	4. 45	—	—
1732	7. 40	7. 40	7. 30	6. 30	5. 20	6. —	—	—
1733	9. 36	10. —	9. —	8. —	6. 40	8. 30	—	—
1734	15. —	16. —	13. 30	12. —	10. 40	13. 20	—	—
1735	18. —	19. —	17. —	16. —	12. —	17. 20	—	—
1736	13. —	15. 20	11. 20	10. —	10. 40	11. —	—	—
1737	14. 24	15. 30	13. 20	13. —	8. —	10. 40	—	—
1738	18. 40	14. 40	17. 30	16. —	13. 20	16. —	—	—
1739	8. —	8. 40	7. 30	7. —	5. 20	6. —	—	—
1740	4. —	—	—	4. —	—	3. —	—	—
1741	16. 32	17. 20	15. 15	14. —	13. 20	14. —	—	—
1742	10. 40	11. 30	10. 15	10. —	9. 20	8. 40	—	—
1743	17. 40	17. 40	17. 30	11. —	10. 40	14. 40	—	—
1744	24. 40	25. 20	24. —	—	—	18. —	—	—
1745	25. 20	21. 30	28. —	—	—	21. 20	—	—
1746	24. —	22. 30	25. 30	—	—	20. —	—	—
1747	21. 20	21. 20	23. 30	—	—	16. —	—	—
1748	10. —	9. 20	10. 30	—	—	8. —	—	—
1749	18. —	18. —	18. —	—	—	4. —	—	—
1750	16. —	15. 30	16. —	—	—	12. —	—	—
1751	13. 40	13. 20	13. 20	—	—	9. —	—	—

Marbach.	Bönnigheim.	Besigheim.	Bietigheim.	Gröningen.	Wundelsheim.	Weinsberg.	Mezingen.	Jahr.
—	—	—	—	—	16. 40	13. 20	16. —	1715
—	—	—	—	—	16. —	—	14. —	1716
—	—	—	—	—	18. —	—	15. —	1717
—	11. 44.	—	—	—	15. —	—	—	1718
—	6. 58.	—	—	—	8. 30	—	—	1719
—	—	—	—	—	8. —	—	—	1720
—	—	—	—	—	9. —	—	—	1721
—	—	—	—	—	8. —	—	7. —	1722
—	—	—	—	—	10. 40	—	10. —	1723
—	—	—	—	—	9. —	—	9. —	1724
—	—	—	—	—	8. —	—	7. —	1725
—	—	—	—	—	11. —	—	10. —	1726
—	—	—	—	—	8. —	—	6. —	1727
—	—	—	—	—	5. 30	—	3. —	1728
—	—	—	—	—	4. 45	—	5. —	1729
—	—	—	—	—	4. 30	—	4. —	1730
—	—	6. —	—	—	6. 8	—	6. —	1731
—	—	8. —	—	—	8. —	—	4. —	1732
—	—	10. —	—	—	10. 40	—	7. —	1733
—	—	15. —	—	—	14. —	—	10. —	1734
—	—	17. —	—	—	17. —	—	11. —	1735
—	—	13. 20	—	—	13. 20	—	8. —	1736
—	—	13. —	—	—	13. 20	—	8. —	1737
—	—	18. —	—	—	18. 40	—	13. —	1738
—	—	8. —	—	—	8. —	—	6. —	1739
—	2. 56	—	—	—	—	—	2. —	1740
—	15. 38	15. —	—	—	16. —	—	15. —	1741
—	8. 15	11. —	—	—	12. —	—	10. —	1742
—	14. 40	17. —	—	—	20. —	—	12. —	1743
—	16. 32	21. —	—	—	25. —	—	13. —	1744
—	21. 16	26. —	—	—	26. —	45. —	18. —	1745
—	20. 32	26. —	—	—	26. —	25. 30	—	1746
—	16. 8	20. —	—	—	21. —	23. 30	—	1747
—	7. 42	10. —	—	—	10. 40	10. 30	—	1748
—	13. 56	17. —	—	—	17. 40	18. —	—	1749
—	11. 44	17. —	—	—	17. 30	—	—	1750
—	8. 48	11. —	—	—	13. —	16. —	—	1751

Jahr.	Cannstatt.	Eßlingen.	Stuttgart.	Waiblingen.	Tübingen.	Gradenheim.	Schorndorf.	Laufen.
1752	13. 20	13. 30	13. 30	—	—	10. —	—	—
1753	19. 40	18. 40	20. 30	—	—	14. —	—	—
1754	11. 40	12. 30	14. —	—	—	8. —	—	—
1755	17. 40	17. 20	18. 30	—	—	13. 20	—	—
1756	12. —	12. 50	13. —	—	—	8. 30	—	—
1757	11. 20	11. 50	12. —	—	—	9. 20	—	—
1758	13. 40	12. 40	15. 30	—	—	10. —	—	—
1759	19. 40	19. 20	21. —	—	—	15. —	—	—
1760	15. 40	15. 30	18. —	—	—	12. —	—	—
1761	16. 20	15. 30	19. —	—	—	15. —	—	—
1762	15. —	13. 20	16. —	—	—	10. —	—	—
1763	12. 40	12. 20	14. —	—	—	8. —	—	—
1764	25. —	23. —	27. —	—	—	24. —	--	—
1765	20. 30	24. —	28. —	—	—	20. —	—	—
1766	22. —	22. 30	23. —	—	—	19. —	—	—
1767	19. 30	19. 30	22. 30	—	—	13. 20	—	—
1768	23. 30	24. —	26. —	—	—	20. 40	—	—
1769	16. 30	15. 30	20. —	—	—	13. 20	—	—
1770	23. 30	16. 30	25. 30	—	—	21. 20	—	—
1771	34. —	30. —	32. —	—	—	28. —	—	—
1772	32. —	30. —	34. —	—	—	25. —	—	—
1773	29. —	28. 30	34. —	—	—	23. —	—	—
1774	27. —	27. 30	31. —	—	—	20. —	—	—
1775	19. 30	19. —	21. —	—	—	16. 40	—	—
1776	16. —	14. 40	18. 30	—	—	12. —	—	—
1777	26. 40	23. —	28. 30	—	—	21. 20	—	—
1778	26. 40	21. 30	28. —	—	—	21. —	—	—
1779	25. —	20. 20	28. —	—	—	21. 20	—	—
1780	10. —	16. 40	20. —	—	—	16. —	18. —	—
1781	17. —	13. —	20. —	—	—	12. —	13. 20	—
1782	15. 30	12. —	17. 30	—	—	12. —	13. 20	—
1783	15. —	11. 50	16. —	—	—	11. —	13. —	—
1784	13. —	11. —	16. —	—	—	11. —	12. —	—
1785	13. 20	12. —	14. 30	—	—	11. —	12. —	—
1786	19. 20	17. 20	23. —	—	—	16. —	18. —	—
1787	25. —	22. —	29. —	—	—	22. —	26. —	—
1788	18. —	13. —	18. —	—	—	14. —	14. —	—

Marbach.	Bönnigheim.	Besigheim.	Bietigheim.	Gröningen	Mundelsheim.	Weinsberg.	Mezingen.	Jahr.
—	9. —	13. 20	—	—	14. —	13. 30	—	1752
—	12. 50	18. 40	—	—	14. 30	20. —	—	1753
—	7. 20	12. —	—	—	12. 30	14. —	—	1754
—	12. 28	16. 40	—	—	15. —	18. 30	—	1755
—	7. 42	11. —	—	—	12. —	13. —	—	1756
—	8. 4	14. —	—	—	15. —	11. 52	—	1757
—	—	14. —	—	—	16. —	15. 30	—	1758
—	—	18. —	—	—	24. —	15—20	—	1759
—	—	16. —	—	—	20. —	20—70	—	1760
—	—	17. —	—	—	20. —	19. —	—	1761
—	—	14. —	—	—	12. —	16. —	—	1762
—	—	12. —	—	—	12. —	14. —	—	1763
—	—	24. —	—	—	25. —	27. —	—	1764
—	—	26. —	—	—	25. —	28. —	—	1765
—	—	26. —	—	—	25. —	23. —	—	1766
—	—	16. —	—	—	16. —	22. 30	—	1767
—	—	26. —	—	—	17. —	26. —	—	1768
—	—	16. —	—	—	17. —	20. —	—	1769
—	—	26. —	—	—	27. —	25. 30	—	1770
—	—	38. —	—	—	38. —	37. —	—	1771
—	—	32. —	—	—	34. —	27¹/₆-34	—	1772
—	—	32. —	—	—	26. —	34. —	—	1773
—	—	28. —	—	—	30. —	27. 12	—	1774
—	—	24. —	—	—	26. —	26. —	—	1775
—	—	16. —	—	—	18. —	16. —	—	1776
—	—	26. 40	—	—	28. —	28. 30	—	1777
—	—	24. —	—	—	26. —	28. —	—	1778
—	—	26. 40	—	—	28. —	28. —	—	1779
—	—	22. —	—	—	21. —	18. —	—	1780
—	—	16. —	—	—	16. 40	34. —	—	1781
—	—	16. —	—	—	16. —	12. 48	—	1782
—	—	16. —	—	—	17. —	13. —	—	1783
—	—	14. —	—	—	16. —	13. —	—	1784
—	—	13. —	—	—	15. —	12. —	—	1785
—	—	20. —	—	—	22. —	23. —	—	1786
—	—	13. —	—	—	28. —	29. —	—	1787
—	—	20. —	—	—	20. —	18. —	—	1788

Jahr.	Cannstatt.	Eßlingen.	Stuttgart.	Waiblingen.	Tübingen.	Brackenheim.	Schorndorf.	Laufen.
1789	fl.	—	24	—	—	22	20	—
1790	19-40	30	27½	—	—	25	24	—
1791	—	25⅛	35	—	—	30	28	—
1792	—	32	41	—	—	34	33	—
1793	48-70	59	57	—	—	52	50	—
1794	34-54	50⅜	37½	—	—	32	26	—
1795	53-100	74	77	—	—	78	66	—
1796	45-104	75½	82	—	—	76	64	—
1797	50-110	80	77	—	—	59	59	—
1798	32-91	60	53	—	—	42	42	—
1799	24-60	—	42	—	—	30	36	—
1800	30-78	—	84	—	—	16	66	—
1801	30-82	56	54	—	—	42	40	—
1802	—	—	43	—	—	35	42	—
1803	—	—	49	—	—	40	40	—
1804	—	—	27	—	—	22	24	—
1805	—	—	54	—	—	—	15	—
1806	—	—	51	—	—	38	52	—
1807	—	—	45	—	—	34	40	—
1808	—	—	26	—	—	12-16	18	—
1809	—	—	29	—	—	21	22	—
1810	—	—	51	—	—	30-44	50	—
1811	—	—	54	—	—	30-40	50	—
1812	—	—	33	—	—	20-30	34	—
1813	—	—	—	—	—	12-18	50	—
1814	—	—	—	—	—	32-60	50	—
1815	—	—	—	—	—	60-72	75	—
1816	—	—	—	—	—	—	—	—
1817	—	—	—	—	—	28-38	—	—
1818	—	—	75	—	—	44-56	—	—
1819	—	—	49	—	—	32	—	—
1820	—	—	50	—	—	16	—	—
1821	—	—	37	—	—	12	—	—
1822	—	—	—	—	—	36-48	—	—
1823	—	—	—	—	—	8-14	—	—
1824	—	—	21	—	—	7-10	—	—
1825	—	—	48	—	—	30-44	—	—

Marbach.	Bönnigheim.	Besigheim.	Bietigheim.	Gröningen.	Mundelsheim.	Weinsberg.	Wezingen.	Jahr.
—	—	—	—	—	27	24-25	—	1789
—	—	—	—	—	32	28	—	1790
—	—	—	—	—	36	30	—	1791
—	—	—	—	—	40	34	—	1792
—	—	—	—	—	56	52	—	1793
—	—	—	—	—	40	29	—	1794
—	—	—	—	—	90	72-79⅚	—	1795
—	—	—	—	—	96	72-82	—	1796
—	—	—	—	—	85	66-77	—	1797
—	—	—	—	—	70	42-55	—	1798
—	—	—	—	—	66	38	—	1799
—	—	—	—	—	90	77	—	1800
—	—	—	—	—	66	40	—	1801
—	—	—	—	—	55	42	—	1802
—	—	—	—	—	60	52	—	1803
—	—	—	—	—	36	24	—	1804
—	—	—	—	—	24	12	—	1805
—	—	—	—	—	54	42	—	1806
—	—	—	—	—	54	42	—	1807
—	—	—	—	—	33	20	—	1808
—	—	—	—	—	44	24	—	1809
—	—	—	—	—	58	59	—	1810
—	—	—	—	—	58	48	—	1811
—	—	—	—	—	36	24	—	1812
—	—	—	—	—	37	22	—	1813
—	—	—	—	—	80	48	—	1814
—	—	—	—	—	90	80	—	1815
—	—	—	—	—	60	40	—	1816
—	—	—	—	—	80	60	—	1817
—	—	—	—	—	80	68	—	1818
—	—	—	—	—	52	36	—	1819
—	—	—	—	—	36	36	—	1820
—	—	—	—	—	24	18-26	—	1821
—	—	—	—	—	70	50-100	—	1822
—	—	—	—	—	25	7-50	—	1823
—	—	—	—	—	22	21	—	1824
—	—	—	—	—	15	21-24	—	1825

Jahr	Canstatt	Eßlingen	Stuttgart	Waiblingen	Tübingen	Brackenheim	Schorndorf	Lauffen
1826	14-46	20-33	15-33	12-15	18-22	8-14	16-40	15-28
1827	17-28	—	28-30	—	—	13-15	—	14-30
1828	10-35	9-20	—	10-14	11-20	7-12	12-18	7-33
1829	12-25	—	12-16	—	—	12-25	—	10-18
1830	31-52	—	—	—	—	35-40	—	28-50
1831	30-75	28-40	33-55	—	—	34-45	38-40	30-56
1832	28-82	20-42	31-50	—	—	18-30	27-31	24-46
1833	18-60	16-36	—	—	—	12-25	16-22	28-66
1834	20-80	19-58	38¼-56	23-70	18-32	18-60	16-40	17-72
1835	15-60	13-33	21¼-29	15-16	—	8-18	14-22	—
1836	24-66	22-42	31-38	—	—	19-30	23-24	22-38
1837	16-30	15-28	20-30	13-15	—	8½-14	12-25	15-18
1838	27-60	20-36	—	—	—	20-27	22-23	—
1839	27-66	28-46	34½-50	—	21-33	16-28	—	21-28
1840	15-60	12-25	20½-48	—	20-34	9½-15	—	17-22
1841	30-70	22-52	40-50	—	—	20-30	—	24-44
1842	32-81	27-50	40½-70	—	—	25½-33	—	30-50
1843	24-50½	18-42	27-50	—	—	16-50	—	15-50
1844	38-78	38-61	45-72	—	—	25-38	—	32-66
1845	30-68	—	47-70	—	—	—	—	30-70
1846	48-90	48-75	51-110	—	—	41-48	—	44-80
1847	16-53½	10-44	29-66	—	15-20	15-22	12-28	15-40
1848	21-48	16-44	32-68	16-20	15-20	13-25	17-22	12-42
1849	16-56	19-30	22-50	12-20	—	10-35	12-26	6-40
1850	12-15	10-21	16-25	—	9-18	9-20	10-12	8-24
1851	14-18	18-22	18-26	—	—	14-16	12½-13	11-32
1852	22-69	16-65	28½-44	—	21-27	20-28	23-38	18-55
1853	17-60	17-24	26⅔-60	—	16-30	20	22-55	16-47
1854	42-122	30-90	52¾-80	—	30-40	—	45-70	45-100
1855	48-123	33-90	66⅔-120	—	—	40-52	44-45	40-80
1856	44-102	35-65	53-100	—	38-50	40-42	38-80	40-80
1857	32-129	30-50	30-110	—	26-42	30-33	20-30	40-90
1858	24-84	22-50	22-80	20-77	7-36	20-80	18-42	34-62
1859	32-80	39-96	40-80	35-90	25-50	28-66	33-60	38-75
1860	11-64	12-83	16-50	16-46	16-27	12-50	16-30	18-44
1861	48-112	48-80	50-90	54-88	49-55	48-95	42-77	50-74

Marbach.	Bönnigheim.	Besigheim.	Bietigheim.	Gröningen.	Mundelsheim.	Weinsberg.	Mejingen.	Jahr.
20-28	12-16	18-44	18-28	24-38	16-36	24-30	10-11	1826
20-28	14-20	18-55	16-31	19-30	18-50	14-66	10-12½	1827
11-17	8-10	9-28	12-17	11-15	22	4-50	7-9	1828
14-19	6-10	8-28	12-20	10-30	9-30	10-17	—	1829
30-38	—	30-55	—	35-48	28-59	10-70	10	1830
40-50	—	32-72	—	44-60	32-72	10-78	20-22	1831
34-45	—	30-60	—	34-50	28-68	19½	10-12	1832
20-28	—	16-48	—	18-37	18-40	19½	—	1833
22-50	—	32-55	28-26	30-46	26-72	14-50	21-23	1834
16-25	8-13	14-33	15-26	14-22	20-30	22-75	—	1835
25-36	18-30	20-37	28-34	29-44	22-50	23¼	—	1836
15-22	8-11	14-32	18-20	13-26	10-28	12½	—	1837
30	—	28-46	—	28-38	18-56	20-30	—	1838
26-33	20	24	19-27	22-40	26-50	19-27	—	1839
—	10-12	16-34	18-34	18-20	10-34	20-26	—	1840
—	25-29	20-50	—	32-55	20-54	26½-33½	—	1841
30-40	26-34	28-55	32-43	25-44	23-44	30-35	—	1842
19-33	18-25	14-50	33	18-40	10-48	18-28	—	1843
39-48	—	30-56	44	—	32-70	38-44	34-40	1844
—	37	36-66	—	20-66	30-80	42-50	30	1845
46-70	15-57	40-80	—	—	40-100	46-60	30-40	1846
24-26	9-22½	16-45	16-30	16-35	14-62½	19-30	9-10	1847
19-25	14-18	17-42	—	14-38	10-60½	16-44	10-20	1848
18-25	8-15	11-42	25	12-25	10-53	12-20	10-20	1849
11-16	6-9	7-32	12-18	10-20	9-38	10-38	3-9	1850
16	12-14	10-30	—	—	8-25½	16-23	—	1851
33-35	20-24	20-50	36-42	36	15-54½	26-50	17-46	1852
25-33	12-33	16-48	26-44	25-36	11⅜ bis 62½	30-70	—	1853
—	42-50	40-80	—	—	22-109	48-96	—	1854
55	34-42	40-78	49,50	—	32-125	37-105	36-88	1855
44-48	38-44	40-48	—	—	32-80	40-105	38	1856
25-34	25-33	36-90	36-100	30-50	26-72	37-120	16-24	1857
20-44	—	28-82	28-55	—	25-92	25-92	16-33	1858
33-80	28-66	33-66	42-66	—	36-74	34-72	37-61	1859
14-50	—	18-44	20-35	—	14-50	18-33	16-24	1860
48-70	40-90	51-90	60-75	56-80	42-130	50-110	50-63	1861

8

Jahr.	Cannstatt.	Eßlingen.	Stuttgart.	Waiblingen.	Tübingen.	Brackenheim.	Schorndorf.	Laufen.
1862	48-77	44-77	50-68	43-55	40-50	41-53	46-64	40-66
1863	40-75	36-60	45-70	35	—	38-46	33-66	40-56
1864	34-50	24-50	37-40	25-30	—	—	30-33	37-56
1865	85-120	70-115	80-115	88-100	—	—	70-88	81-100

Jahr.	Marbach.	Bönnigheim.	Besigheim.	Pietigheim.	Gröningen.	Mundelsheim.	Weinsberg.	Mezingen.
1862	49-63	35-42	42-64	44-66	47-66	40-112	47-100	34-44
1863	42-46	30-42	40-66	—	44-66	44-70	40-50	20-25
1864	36-44	25-34	36-62	45-48	—	40-70	36-44	—
1865	—	60-78	70-90	—	—	80-114	80-115	66-77

Beilage.

Ergebnisse des Weinbaues
(nach den württembergischen Jahrbüchern)
von 1826 bis 1863.

Jahr.	Gesammtzahl der Morgen.	Zahl der im Ertrag stehenden Morgen.	Gesammter Weinertrag in Eimern.	Geldwerth des Gesammt-Ertrags. fl.	Verkauf unter der Kelter in Eimern.	Erlös daraus. fl.	Mittel-Preise. fl.	kr.
1826	82,798	61,514	184,380	3,990,831	130,513	2,848,405	21	24
1827	—	—	187,665	3,795,524	127,270	2,574,035	20	13
1828	—	—	313,204	3,713,209	189,407 3/10	2,116,371	10	51
1829	—	—	90,123	970,686	52,213	569,709	9	57
1830	—	—	56,807	1,764,340	35,597	1,123,638	30	—
1831	83,593	62,498 1/4	85,183	2,977,982	55,754	1,963,834	34	38
1832	—	—	98,800	2,927,551	69,914	2,096,467	29	30
1833	—	—	162,483	3,153,514	104,814	2,059,238	19	12
1834	84,778 7/8	63,248 7/8	300,557	9,684,220	203,594	6,573,683	32	22
1835	82,522 1/8	65,440 6/8	330,449	5,277,521	199,420	3,227,960	15	17
1836	84,647 6/16	63,534 11/16	115,205	2,868,299	72,120	1,827,473	23	38
1837	84,648 6/16	—	200,678	1,756,371	97,549	1,398,176	12	28
1838	—	—	53,599	1,245,824	28,519	682,735	22	20
1839	84,261 5/4	63,686 11/16	131,682	3,317,723	80,249	2,058,058	24	34
1840	84,758 1/2	63,835 8/10	202,252	2,858,223	120,822	1,767,340	13	41
1841	85,836 1/2	63,244 3/8	68,612	2,151,648	44,628	1,369,187	30	

Jahr.	Gesammtzahl der Morgen.	Zahl der im Ertrag stehenden Morgen.	Gesammter Weinertrag in Eimern.	Geldwerth des Gesammt-Ertrags. fl.	Verkauf unter der Kelter in Eimern.	Erlös daraus. fl.	Mittel-Preise. fl.	kr.
1842	85,243⁵/₁₆	61,730¹/₂	150,898	4,820,461	112,549	3,615,368	31	15
1843	84,694³/₁₆	60,924	72,474	1,503,603	42,237	906,313	20	—
1844	84,824³/₄	60,075¹/₂	54,346	2,109,022	38,489	1,556,797	35	45
1845	83,942¹/₄	59,757³/₈	84,205	3,268,108	57,849	2,275,024	37	43
1846	84,001⁷/₈	59,462	146,871	7,247,755	113,427	5,643,604	48	31
1847	80,053	59,578⁵/₈	212,129	4,211,547	146,255	2,937,741	19	17
1848	83,091¹/₈	59,376³/₈	246,268	5,034,498	155,740	3,171,909	20	27
1849	81,930¹/₂	58,955⁵/₈	170,940	2,769,862	83,706	1,275,048	16	29
1850	82,215²/₈	59,760⁴/₈	108,152	1,358,403	34,798	423,112	12	—
1851	79,771³/₈	57,388³/₄	41,094	617,442	15,195	228,467	14	39
1852	81,438	50,045	89,572	2,361,811	56,092	1,474,584	26	16
1853	91,945¹/₄	58,059¹/₄	96,094	2,206,257	57,756	1,326,544	23	22
1854	78,565⁵/₈	54,212⁷/₈	25,134	1,130,077	18,053	855,556	45	20
1855	81,473⁵/₈	54,875⁵/₈	68,991	3,221,405	48,817	2,285,782	46	8
1856	81,010⁴/₈	54,663¹/₈	79,835	3,648,399	61,268	2,831,374	45	59
1857	80,841¹/₂	54,109¹/₂	214,376	9,194,682	157,528	6,720,480	42	29
1858	81,983⁵/₈	54,623⁶/₈	286,002	8,503,652	181,213	5,405,460	29	5
1859	80,533	55,402²/₈	168,302	7,960,310	105,159	5,032,238	47	53
1860	80,935⁷/₈	55,622⁷/₈	87,587	2,070,398	47,793	1,122,592	27	50
1861	79,964²/₈	54,771⁵/₈	69,571	4,177,923	48,442	2,917,271	60	13
1862	80,502	55,996⁶/₈	171,309	8,702,905	114,154	5,801,087	51	—
1863	79,725	55,460	203,561	8,736,008	123,295	5,389,726	48	48